# Los Cuatro Colores
## de Las Personalidades
## para MLM

### El Lenguaje Secreto para Redes de Mercadeo

## Tom "Big Al" Schreiter

*Los Cuatro Colores de las Personalidades para MLM*

Para información, contacte:

Fortune Network Publishing
PO Box 890084
Houston, TX 77289 Estados Unidos

Teléfono: +1 (281) 280-9800

ISBN-10: 1-892366-50-9
ISBN-13: 978-1-892366-50-4

# TABLA DE CONTENIDOS

Viajo por el mundo más de 240 días al año. Envíame un correo si quisieras que hiciera un taller "en vivo" en tu área.

→ **BigAlSeminars.com** ←

# ¡OBSEQUIO GRATIS!

## ¡Descarga ya tu libro gratuito!

Perfecto para nuevos distribuidores. Perfecto para distribuidores actuales que quieren aprender más.

→ **BigAlBooks.com/freespanish** ←

Otros geniales libros de Big Al están disponibles en:

→ **BigAlBooks.com/spanish** ←

# PREFACIO

Muchos empresarios de redes me han solicitado una explicación simple de las cuatro personalidades. Hipócrates comenzó la idea alrededor del 400 a.c., y durante el último siglo, muchos psicólogos y conferencistas han enseñado y expandido sobre su trabajo original.

Desafortunadamente, mucho de este trabajo es muy profundo y detallado, y se hace tedioso rápidamente. Además, el empresario de redes promedio no lo encontraría muy útil. Por ejemplo, algunos sistemas analizan a las personas haciéndolas tomar un cuestionario de 25 preguntas o más. Mientras es más preciso que sólo observar, un cuestionario de más de 25 preguntas no es muy práctico para aplicarlo con los prospectos antes de hablar con ellos.

Este libro está diseñado para apoyarte a:

1. Rápidamente identificar qué tipo de personalidad son tus prospectos.

2. Saber las palabras exactas para decirle a esos prospectos en su lenguaje secreto para que así tu mensaje sea recibido más fácilmente y con mayor afinidad.

Ahora, para los estudiantes de detalles inagotables, este no es tu libro. Hay muchos psicólogos y gurús que aman este tema. Hay libros de texto y extensos volúmenes escritos sobre este tema.

Para los empresarios de redes de mercadeo que quieren tener más afinidad y conexión con los prospectos, esta es una manera fácil y rápida para aprender no sólo cómo hablar con los prospectos más efectiva, pero también qué no decir a los prospectos para que no sabotees tu mensaje.

—Tom "Big Al" Schreiter

# CUATRO PUNTOS QUE DEBES SABER SOBRE ESTE LIBRO.

### #1. Advertencia para los Psicólogos.

Si tú eres un psicólogo, probablemente odies este libro. No será totalmente preciso de acuerdo a Hipócrates o algunos de los grandes psicólogos del siglo XX. Pero no estamos tratando de psicoanalizar a los prospectos. No queremos recostarlos en un diván y aconsejarlos. Todo lo que queremos hacer es tomar un poco de la ciencia de las personalidades para ayudarnos a hablar de una manera que nuestros prospectos comprendan.

Para los puristas académicos leyendo esto, no estamos contradiciendo los siglos de estudios sobre la personalidad. Estamos utilizando sólo una pequeña parte para que podamos hablar con prospectos y nos puedan comprender. No se perjudicarán empleos de psicólogos con la lectura de este libro.

### #2. Olvida los sistemas rígidos que hayas aprendido antes.

Si has estudiado perfiles de personalidad anteriormente, ya conoces los temperamentos: flemático, sanguíneo, colérico y melancólico. ¡Uff! Eso es difícil de recordar. Así que olvida lo que hayas aprendido en el pasado mientras leas este libro. Siéntate cómodo, relájate y disfruta.

Este libro es un atajo **fácil de aprender,** para que sepamos instantáneamente qué decir, y exactamente qué hacer cuando conocemos a un prospecto. No es práctico aplicar un cuestionario sobre los sentimientos del prospecto, hacer que responda preguntas de una encuesta, analizar las respuestas… y después decir tus primeras palabras. Nosotros sólo necesitamos algo para guiarnos y hablar en el lenguaje natural de cada prospecto.

Piensa que esto es la versión "light" de todos esos volúmenes de investigación.

### #3. No lo tomes personal.

Voy a describir los tipos de personalidad. Naturalmente te vas a identificar en una de las personalidades. Todas las personalidades tienen **puntos buenos** y **puntos malos.**

Cuando describa los puntos malos de cada personalidad, no lo tomes personal. ¡No quiero que me atropelles en el estacionamiento la próxima vez que me veas!

Así que durante los próximos capítulos, relájate. Sólo imagina que todos los puntos negativos de tu color de personalidad aplican para las demás personas.

### #4. Voy a utilizar mucha exageración.

No todos los prospectos van a tener todas las exageradas características que describiré. Sin embargo, usaré exageraciones debido a que son fáciles de **recordar.**

Todo lo que realmente busco es un método fácil de recordar para reconocer prospectos, e instantáneamente saber cómo hablarles en su lenguaje natural.

Así que utilizaré mucha exageración aquí, y algunas malas bromas. No lo tomes muy seriamente. Simplemente nos ayudará a recordar las diferencias entre las personas más fácilmente.

# ¿TE PARECE ESTO FAMILIAR?

¿Alguna vez has hablado con un prospecto y te ha pasado esto?

1. El prospecto desesperadamente necesitaba tu producto. (Y justamente acababas de ofrecer tu producto al prospecto.)

2. El prospecto desesperadamente quería tu oportunidad. (Y justamente acababas de ofrecer tu negocio al prospecto.)

Entonces, al final de tu presentación, el prospecto dice, "No."

¿Qué sucedió?

¿Qué salió mal?

¿Te parece esto extraño?

Este misterio te cuesta tiempo y dinero. Así que, ¿cuándo sería un buen momento para resolver este problema? ¿Qué tal ahora mismo?

## Revisemos.

Si tus prospectos necesitan tu producto y oportunidad, y les ofreces tu producto y oportunidad, y entonces… ellos dicen, "No"… la explicación más obvia es:

## ¡Ellos no te comprenden!

Cuando hablaste con ellos, fue como si estuvieses hablando un lenguaje desconocido. Ellos sólo no recibieron el mensaje de la manera en la que pretendías.

Déjame darte un ejemplo:

1. Tienes un gran producto o servicio.

2. Tienes un equipo de apoyo asombroso con tu línea de patrocinio.

3. El fundador de la empresa camina sobre el agua... cuando está congelada.

4. Tu compañía ofrece un programa de entrenamiento fabuloso.

5. Tu plan de compensación paga cantidades masivas.

6. La compañía ofrece viajes y autos.

Y todo eso no es relevante. No importa.

¡¿Cómo?!

Sí, todo eso no importa.

## ¿Necesitas pruebas?

Para demostrar esto, toma tu paquete de distribuidor y tu presentación PowerPoint y volemos a un pueblo en Kenia. Ahora, no hablas Suajili. Y, ellos no comprenden tu lenguaje.

Ahora, comienza a dar presentaciones.

- ¿Importaría que tu línea de patrocinio brindase mucho apoyo?

- ¿Importaría si tuvieses un programa de bonos de auto?

- ¿Importaría si tu compañía pagase 3% más en el nivel 3?

- ¿Importaría si el fundador de tu compañía caminase sobre agua... congelada?

- ¿Importaría si tuvieses un reporte de investigación de 74 páginas de la Universidad de Carolina del Norte donde dijera que tu producto arrojó resultados fabulosos en un estudio a ciegas?

- ¿Importaría si tus científicos pudiesen darle una paliza a los demás científicos?

Todo lo que pensabas que era importante no es relevante, ¿no es así? Tu actitud, tu motivación, tu producto, tu investigación, tu servicio – nada de eso importa un clavo y no te ayudará a construir un negocio hasta que aprendas:

## La habilidad de hablar Suajili.

A menos que puedas hablar el lenguaje de tus prospectos – en este caso, Suajili – ninguno de los aspectos que consideras importantes en nuestro negocio significan nada para nuestros prospectos.

Si puedes hablar el lenguaje de tus prospectos, entonces todo se hace fácil. Tu prospecto instantáneamente **verá lo que tú ves,** y tú estarás felizmente conversando con un amigo que te comprende.

## ¿Qué sucederá cuando hables el lenguaje de tus prospectos?

- Tu mensaje rápidamente entrará en su cabeza y su corazón.

- Podrás decir unas pocas frases y sabrás que vienen a tu junta de oportunidad.

- Con unas pocas palabras, muchos de tus prospectos querrán unirse a tu negocio, incluso antes de que escuchen el nombre de tu compañía.

## Y las buenas noticias son…

Los lenguajes secretos son fáciles de aprender. Tú sólo tendrás que aprender unas pocas palabras en cada uno de los diferentes lenguajes. Esa es la parte fácil.

Cuando dices las palabras adecuadas, se siente como si fuesen hermanos de sangre, como "unidos por la cadera", estarán caminando mano a mano en rumbo a una visión en común... se siente maravilloso.

## Y las malas noticias son…

Aprender el lenguaje secreto no es la habilidad. La habilidad real es saber cuál es el lenguaje secreto que el prospecto comprende.

Sí, tienes que determinar rápidamente **cuál** de los cuatro lenguajes secretos comprende tu prospecto. Esa es la habilidad que hará volar tu carrera.

Esto será fácil de hacer. Una vez que leas los ejemplos de este libro, rápidamente sabrás el lenguaje correcto para usar en casi todos los encuentros con prospectos.

# LA PERSONALIDAD "AMARILLA."

Todo lo que debes de hacer es recordar una palabra. Esta sola palabra describe a la personalidad amarilla. ¿Cuál es esa palabra?

**"Ayuda."**

Así es. Las personalidades amarillas harán más por otras personas de lo que harán por ellos mismos. Más o menos suena como una mamá, ¿no es así? Estas personas son colaboradores profesionales. Ellos viven por la oportunidad de asistir a alguien. Los hace sentir bien el prestar ayuda.

Cuando un vecino está enfermo, ¿quién va a su casa a llevarle comida? ¿Quién los atiende para que vuelvan a estar saludables? ¿Quién los lleva al doctor?

Las personalidades amarillas.

Yo tengo una imagen en mi mente de una personalidad amarilla. Yo visualizo a una abuela de unos 50 años, con un largo vestido hippie, flores en el cabello, sirviendo galletas a los nietos, mientras cantan "Amor y Paz" y otras canciones populares.

¿Exagerado? Por supuesto, pero si puedes memorizar esa imagen nunca tendrás que memorizar los atributos de una personalidad amarilla.

Encontrarás muchas personalidades amarillas como:
- Masajistas.
- Maestras de preescolar.
- Recaudadores de fondos para caridad.
- Enfermeras.
- Trabajadores sociales.
- Voluntarios.
- Ministros.
- Consejeros.
- Representantes de servicios personalizados.
- Cuidadores.

¿Por qué? Debido a que disfrutan carreras que ayuden a las personas.

Las personalidades amarillas son profesionales para dar abrazos. Les encanta abrazar a las personas. Apuesto a que tienes una tía o prima que, cuando conoce a un extraño, llega con el extraño y le da un abrazo enorme. Y el extraño dice: –Oh, siento que te conozco de toda la vida. Toma todo mi dinero.

Cuando un nuevo camino se está construyendo entre el bosque, ellos son los que están abrazando a los árboles diciendo: –Por favor, no lastimen a los árboles.

Todos aman a las personalidades amarillas. Y todos confían en ellos también.

Sabrás cuando has conocido a una personalidad amarilla. No sólo te dará un gran abrazo, sino el día siguiente recibirás una tarjeta de agradecimiento en tu correo. La tarjeta dirá, "Gracias por ser mi amigo." Y cuando veas la firma de la tarjeta, ¿escribió un punto sobre la "i"?

No. ¡Hay un pequeño corazón sobre la "i"! Y etiquetas de caritas felices por todas partes. Esa es una personalidad amarilla.

Ahora, debido a que las personalidades amarillas siempre están ayudando a las personas, **no** están interesados en tu plan de compensación, el viaje al extranjero para los líderes más altos, o los reportes científicos de tus productos patentados. Ellos están más interesados en cómo tu producto o servicio puede ayudar a otras personas. Si la compañía de redes de mercadeo recorta el plan de compensación en un 50%, las personalidades amarillas dirán: –Oh, qué lindo. Nuestros cheques de comisiones sólo serán de la mitad y el resto del dinero probablemente será para ayudar a la gente pobre o algún refugio de animales.

Las personalidades amarillas están de acuerdo con ese escenario. Ellos sólo están interesados en el negocio como medio para ayudar a otras personas.

Ellos quieren saber cómo tu producto ayuda a detener el sufrimiento de las personas con dolores, cómo tu producto ahorra dinero para que las madres jóvenes tengan más dinero para la comida de sus bebés, y cómo tu producto de cuidado para la piel puede ayudar a mejorar el autoestima de un adolescente introvertido.

Ellos están muy felices sólo ayudando a las personas.

Las personalidades amarillas se forman como líderes geniales dentro de las redes de mercadeo. Las personas naturalmente están atraídas a ellas debido a su integridad, su honestidad, su voluntad para ayudar, y su espíritu misionero. Una vez que están convencidos de algo, su espíritu misionero supera su miedo al rechazo, y se auto-motivan por su propia causa.

Rara vez verás personalidades amarillas al frente del salón motivando a los asistentes. Ellos no son del tipo de los que da órdenes o le dice a los demás qué hacer.

Normalmente los verás en el fondo del salón por que les gusta apoyar al evento en lugar de ser la estrella. Ellos organizan el registro, colocan sillas adicionales, mantienen llenas las charolas con galletas, las jarras con agua, se aseguran de que el aire acondicionado se mantenga a la temperatura más adecuada para que todos estén cómodos.

Pero eso no significa que sean malos líderes. Ellos lideran diferente.

¿Recuerdas a la Madre Teresa? ¿Recuerdas a Mahatma Gandhi? Ellos eran grandes personas que lideraron con su ejemplo personal. Ellos no predicaban sus filosofías con las masas. Ellos simplemente vivían una vida dedicada al servicio y las personas los seguían.

Todos aman a las personalidades amarillas. Son tan amistosos, tan serviciales, y estar a su alrededor es tan agradable.

Las personalidades amarillas son fáciles de identificar. No se visten con demasiada elegancia, están más cómodos en sandalias y ropa casual. No salen para impresionar a nadie o para ser vistos como alguien mejor que los demás.

De voz suave, amables y con un ritmo pausado, ellos van con el flujo de la vida y encajan bien en todas partes.

Los amarillos encuentran casi imposible el decir "No" a alguna petición. Encuentran más fácil decir "Sí" que explicar por qué quieren decir "No."

Pero no seas agresivo con las personalidades amarillas. Sólo por que hablan con un tono suave no significa que puedes intimidarlos para que hagan lo que tú quieres. Ellos quieren ser útiles y serviciales, pero no quieren ser mangoneados.

## Incluso los personajes de dibujos animados pueden ser amarillos.

¿Recuerdas a Cenicienta? Sí, ella era linda, amable, deseaba ayudar a las personas. Un ejemplo genial de una personalidad amarilla.

Usualmente, el hada de los dientes y el hada madrina son personalidades amarillas también.

¿Recuerdas a Charlie Brown? Él siempre quería ayudar a todos los que tenía a su alrededor. Pero su amiga Lucy, ¡ella definitivamente no tenía una personalidad amarilla!

Marge Simpson, la esposa de Homero Simpson, definitivamente es una personalidad amarilla que puedes recordar. Ella soporta todos los errores y drama en su familia con esa actitud alegre, y sólo quiere mantener felices a todos.

El vecino de Homero Simpson, Ned Flanders, es una personalidad amarilla. Tiene esa personalidad jovial y sólo quiere ayudar personas y hacerlas felices.

(¿Homero Simpson? No, él no tiene una personalidad amarilla.)

Gasparín, el fantasma amigable, era amarillo. En sus dibujos animados, todo lo que Gasparín quería hacer era tener amigos. Los amarillos son las mejores amistades.

Oh, ¿qué hay de Big Bird del programa infantil de televisión *Plaza Sésamo*? No sólo su personalidad amarilla era más grande que el mundo, también está cubierto de brillantes plumas amarillas.

Y finalmente, está Elmo. Este encantador personaje de Plaza Sésamo era amado por todos. Nadie odiaba a Elmo. (Sin embargo hay el rumor de que su compañero de elenco, Oscar, en el bote de basura, albergaba un profundo celo sobre la popularidad de Elmo.)

## El comportamiento de la
## personalidad amarilla.

Ellos son relajados, tranquilos, odian decir "No" a una petición, y tienden a hablar más suave y despacio.

Debido a que no desean decepcionar a la gente, ellos sonríen, evitan conflicto, y es fácil llevarse con ellos.

Aún así recuerda, su motivación primaria es **ayudar** a otras personas.

Veamos si puedes predecir el comportamiento de un amarillo en este ejemplo:

Imagina que una personalidad amarilla entra a un salón de un banquete. Hay grandes mesas redondas, algunas con muchas personas riendo felizmente, y una mesa donde una persona está sentada sola.

¿En qué mesa se sentaría una personalidad amarilla?

En la mesa con una persona, por supuesto. La personalidad amarilla pondrá su brazo sobre la persona solitaria y dirá: – Necesitas un amigo.

Los amarillos son los primeros en ayudar, los primeros en ofrecerse como voluntarios, y quieren asegurarse de que todos los demás estén felices.

## ¿Alguna vez has experimentado esto?

Estás sentado con un amigo, y tu amigo te trae té caliente y galletas, te ofrece un masaje en el cuello por que luces estresado, y te pregunta por tu salud y la de tus familiares.

Sí, esa es una personalidad amarilla.

# ¿Sentimientos?

Sí, puedes describir a las personalidades amarillas como personas con sentimientos, que están más enfocadas en relaciones.

Mientras trabajan en un proyecto con el panorama completo, ellos trabajarán duro para asegurarse de que todos se lleven bien para sacar adelante el proyecto.

Esto es un contraste con algunas de las otras personalidades que miden la producción y marcan metas y estándares de ejecución. Los amarillos son geniales en las relaciones.

## Así que, ¿cuál es la desventaja de la personalidad amarilla?

Algunas personas miran a las personalidades amarillas y dicen que son indecisos, sosos e insípidos. Quizás, en vez de eso, lo podamos ver de ésta manera.

A las personalidades amarillas no les gusta forzar sus opiniones sobre las demás personas. Ellos quieren que alguien más tome una decisión y ellos respaldarán esa decisión, mientras sea razonable.

Por ejemplo, tienes a 12 personalidades amarillas en un salón de conferencias. Uno de ellos dice: –Hora de comer.

Otro dice: –¿Dónde comeremos?

El siguiente dice: –Yo comeré donde tú digas.

El que está al lado dice: –Yo comeré donde todos los demás estén de acuerdo.

El siguiente dice: –Deberíamos de formar un comité… pero, no estamos autorizados a formar comités.

¡Las 12 personalidades amarillas van a morir de hambre!

## ¿Los amarillos constituyen buenos líderes?

Totalmente.

Ellos son un placer para su línea de patrocinio. ¿Por qué? A las personalidades amarillas no les gusta quejarse. Si hay problemas, los amarillos no quieren criticar ni protestar sobre los problemas. Ellos simplemente quieren ayudar a las personas.

Así que ninguna queja se pasa a la línea de patrocinio. Los amarillos gustosamente se encargan de sus propios problemas, y de los de su equipo. Ellos son buenos en esto. Debido a que son pacientes y comprensivos, otras personas sienten su empatía y aman trabajar con ellos.

Además, los amarillos no tienen ego que se interponga en el camino de sus relaciones con su organización. No tener ego significa menos conflictos y menos estrés. Los amarillos son muy buenas personas.

Los amarillos son muy buenos para escuchar. Esto es natural debido a que se interesan por las personas.

Los amarillos son confiables y bas–tan–te pacientes. Esto los hace buenos jugadores de equipo, ya que todos saben que pueden confiar en ellos.

## Así que, ¿cómo puedo usar el lenguaje amarillo cuando hablo con las personalidades amarillas?

La única palabra que debes de recordar es:

## "Ayuda."

Ahora, ya tienes fluidez con el lenguaje amarillo. Fácil, ¿no es así?

Si no puedes pensar en qué decir, simplemente arroja la palabra "ayuda" en tu conversación, y te estarás comunicando mucho mejor con los amarillos.

Cuando hables con los amarillos, considera enfocarte en estos puntos de tu presentación:

- Cómo tu oportunidad de negocio **ayuda** a las madres jóvenes a quedarse en casa con sus bebés.

- Cómo tu compañía tiene una beneficencia que recolecta fondos para los **necesitados.**

- Cómo trabajando desde casa **cuidamos** el medio ambiente al reducir la contaminación del transporte.

- Cómo trabajar desde casa nos da más tiempo en familia, para construir **relaciones** más fuertes.

- Cómo tu producto nutricional **ayuda** a las personas a cuidar sus hígados de esos diabólicos químicos farmacéuticos.

- Cómo los productos **ayudan** a las abuelas al aportarles la energía que requieren para llevar a sus nietos al zoológico.

- Cómo tu producto de cuidado para la piel **ayuda** a los adolescentes a librarse del acné para que puedan tener una mejor autoimagen, retomar sus clases en preparatoria, asistir a la universidad, convertirse en médicos, y ayudar a salvar a los niños hambrientos del mundo.

## Lo que es menos importante para los amarillos.

Como personas corteses, nosotros debemos sólo de hablar de lo que la otra persona está interesada. Así que por respeto a los amarillos, no vamos a pasar mucho tiempo hablando de:

- Detalles del plan de compensación.

- Ganar viajes de la empresa como productores destacados.
- Grandes cheques de comisiones.
- Ventas de la empresa y cifras de crecimiento.

Esto es muy fácil. Ahora, ¿por qué no nos enseñan esto en la preparatoria? Deberíamos ser más educados y efectivos cuando hablamos con las personalidades amarillas.

### Ayuda, ayuda, y ayuda un poco más.

Cuando hago un seminario en vivo, le pido a todas las personalidades amarillas que levanten su mano. Luego, le digo a los asistentes:

–Miren bien a todos estos amarillos levantando la mano. Todos aman a estas personas. Ellos son las personas más amables y serviciales del planeta. Así que, durante el receso que viene, acércate con ellos, y pídeles un préstamo de $1,000.

Todos ríen, pero ahora comprendemos a las personalidades amarillas.

### Cuando realmente aprecias que la otra persona sea una personalidad amarilla.

Mientras caminas hacia tu auto en el estacionamiento, un desconocido te sorprende de un salto y dice: –¡Manos arriba! ¿Dame todo tu dinero!

Tú respondes: –Pero no tengo nada de dinero. ¡Acabo de gastar el resto de mi sueldo de esta semana!

El desconocido contesta: –Oh eso es muy triste. ¿Te puedo prestar unos dólares para ayudarte a terminar la semana?

Un buen momento para ser ayudado por un criminal "amarillo." Creo que por eso es que la mayoría de los criminales no son amarillos. No podrían ganarse la vida con ese suave y cariñoso corazón.

O, mientras conduces a casa, no prestas atención al tráfico, y chocas contra el auto frente a ti. Es un accidente fuerte. El dueño del auto frente a ti dice: –Oh, ¿te golpeé con mi auto? ¿Estás lastimado? ¡Déjame abrazarte! Las personalidades amarillas nunca quieren que te sientas culpable.

## ¿Qué puedo hacer para comprender cómo identificar rápidamente una personalidad amarilla?

**Primero,** encuentra a una personalidad amarilla y escúchala hablar. Escucharás palabras en la conversación de esa persona, tales como:

- Ayudar.
- Contribuir.
- Asistir.
- Sentir.
- Criar.
- Confort.
- Cuidar.
- Compartir.

Etc.

Sólo al comprender su vocabulario natural y las palabras que eligen para describir sus vidas, podemos rápidamente determinar el color de su personalidad, incluso al teléfono.

**Segundo,** haz una lista de todas las personalidades amarillas que conoces. Esa persona del trabajo, tu tía, el ministro, el voluntario... y haz esa lista tan grande como puedas.

Al observar a las personas en tu lista amarilla, entenderás lo que los amarillos dicen, lo que hacen, y fácilmente reconocerás al próximo desconocido amarillo que te presenten, especialmente si ese desconocido te regala una galleta.

## Cómo invitar a una personalidad amarilla a una junta de oportunidad.

Aquí está un ejemplo exagerado de cómo le hablarías a una personalidad amarilla en su lenguaje natural amarillo.

Todo lo que estás haciendo es informarle que quieres que asista a tu junta de oportunidad, pero estás poniendo la petición en el lenguaje que comprende. Ésta es tu invitación:

–Quiero pedirte un favor. Tenemos una junta de oportunidad mañana por la noche, ¿podrías venir por favor? Necesitamos tu **ayuda.**

Tenemos algunos productos para el cuidado de la piel, que le **ayudan** a las mujeres a lucir más jóvenes, sentirse mejor con ellas mismas, y llevar unas vidas más felices y confiadas. Y tenemos algunos productos nutricionales que le ayudan a las madres jóvenes a tener más energía para que puedan balancear a sus familias, sus carreras y sus vidas personales.

También le damos a las madres jóvenes una oportunidad de trabajar desde sus casas, para que puedan estar con sus niños, y dejen de almacenar a sus bebés en la guardería, donde le pagan muchísimo dinero a desconocidos para que miren a sus hijos crecer. Piensa en toda la contaminación de transporte que podríamos reducir al ayudarle a las personas a trabajar desde su casa.

Y todo lo que necesito hacer es llevar a un invitado más a la reunión para poder ganar el premio del 'listón secreto de la felicidad'. ¿Podrías venir conmigo para ser mi invitado, por favor? Oh, ¿y podrías traer unas sodas también?

**Sí, tu prospecto amarillo va a asistir.**

El exagerado guión anterior comunica tu invitación en el lenguaje amarillo, para que tu prospecto amarillo quiera asistir. Las personas amarillas verán lo que tú ves, que algo bueno ocurrirá en la reunión.

Recuerda, la **habilidad** es rápidamente comprender si estás hablando con una personalidad amarilla.

Las palabras que utilizamos cuando hablamos con personalidades amarillas son fáciles. Y al agregar unas pocas palabras como "ayuda"... "cuidar"... etc., nos estaremos comunicando con los amarillos en una manera que comprenden.

Ahora, no tienes que cambiar quién eres. No tienes que cambiar el color de personalidad que eres.

Todo lo que debes de hacer es traducir tu conversación normal al lenguaje amarillo.

**Oh, ¡quiero vomitar!**

Ahora, si el ejemplo previo de la invitación amarilla no te hace resonancia, te hace sentir enfermizo, o simplemente no lo entiendes... no te preocupes.

Eso sólo significa que no eres una personalidad amarilla. Tú sólo ves el mundo diferente a través de uno de los otros tres colores.

Así que demos un vistazo al próximo color de personalidad ahora.

19

# LA PERSONALIDAD "AZUL."

La segunda personalidad es fácil. Puedo describir a la personalidad azul en una palabra:

## "¡Fiesta!"

- A los azules les encanta la fiesta.
- A los azules les encanta la diversión.
- A los azules les encanta la aventura.
- A los azules les encanta probar nuevas experiencias.
- A los azules les encanta viajar.
- Y lo más importante, a los azules les encanta conocer nuevas personas.

## ¿Eso sería importante en redes de mercadeo?

¡Sí!

Los azules fueron hechos para las redes de mercadeo, debido a que los azules nunca han conocido a un extraño. Todos a los que conocen son sus amigos instantáneos. Ellos comienzan una conversación de inmediato.

Tú ya sabes acerca de las personalidades azules por que los ves todos los días.

Cuando subes a un ascensor, y una personalidad azul se sube al ascensor contigo, el azul comienza a contarte la historia de su vida. Te platica a dónde fue la familia anoche, a quién se encontraron, qué es lo que harán hoy. ¡Y tú no has dicho una palabra!

Las personalidades azules son las más fáciles de reconocer de todas las personalidades... debido a que siempre están **hablando**. Ellos hablan desde el momento en que se levantan de la cama, durante toda la mañana, durante toda la tarde, durante toda la noche por que, ¡incluso hablan mientras duermen! Ellos hablan y hablan y hablan. Si hay un espacio en la conversación, ellos llenarán ese espacio con palabras, sólo para estar hablando.

Si tienes un líder azul en tu equipo, va a traer a muchas nuevas personas a tu negocio, muchas personas a las juntas, muchas personas a las convenciones... sí las personalidades azules son promotores naturales.

Si una personalidad asiste a una película, desde el momento en que sale de la sala, estará diciendo: –Oh qué buena película. Tienes que ver esta película. Déjame contarte sobre las mejores partes de la película.

Y esta habrá sido la mejor película que el azul ha visto hasta... ¡la próxima película que vea!

Los azules nacieron para ser promotores. Las redes de mercadeo son un negocio ideal para los azules.

## Si las personalidades azules siempre están hablando, ¿cuál será su desventaja?

**Nunca escuchan.** Ahora, no es que estén siendo groseros al no escucharte.

Lo que está sucediendo es que las personalidades azules están pensando a 200 kilómetros por hora, en 200 direcciones diferentes, ¡al mismo tiempo! Las otras personalidades simplemente piensan demasiado despacio para ellos.

Así que terminan nuestras frases, terminan nuestros párrafos, ellos no aflojan el paso para escucharnos, ellos sólo siguen hablando.

En mis seminarios en vivo, le pido a los asistentes: –Todas las personalidades azules, ¿podrían levantar su mano?

Nadie levanta su mano. ¿Por qué?

Por que las personalidades azules no me están escuchando, por supuesto.

Tengo un amigo llamado Michael. Es azul. Cuando Michael y yo salimos a patrocinar juntos, yo conduzco y Michael habla. Él responde sus propias preguntas.

¿Pero cuando Michael conduce? Cuando él conduce, aún así él hace toda la plática, y considera los reglamentos viales como sólo una sugerencia. A los azules les gusta la aventura.

Cuando Michael me llama a casa, yo levanto el teléfono, digo 'Hola,' suelto el teléfono, voy a la cocina y preparo un sándwich, miro un poco de televisión, regreso 30 minutos después, y el seguirá hablando.

Aquí está el horario de Michael. Comienza su día al teléfono alrededor de las 9:00 de la mañana. Hace llamadas de conferencia, hace entrenamientos, hace prospección, hace 'coaching' y mentoría y habla y habla y habla hasta la media noche.

Sin embargo, su esposa Linda… ella hace todo el trabajo, todo el seguimiento, todo el soporte, envía los paquetes de bienvenida, se asegura que las personas recuerden la próxima reunión, registra a los distribuidores para entrenamientos… debido a que ella es una personalidad amarilla. Eso es lo que los amarillos hacen, ellos apoyan.

Durante el día mientras Michael está hablando, ella se acerca y pregunta: –¿Quieres un masaje en la espalda? ¿Quieres un sándwich? ¿Una bebida?

Le pregunté a Linda un día: –Oye, Linda, ¡¿cómo se siente estar casada con Michael?! (Recuerda, ella es una personalidad amarilla.)

Linda respondió: –Oh, es tan maravilloso. Michael sale y conoce a todas estas nuevas personas y yo puedo educarlos y apoyarlos. ¿No es ese un equipo genial? Michael conoce a mucha gente nueva, y ella puede hacer todo el seguimiento.

Ella debe de. ¿Por qué? Por que los azules nunca jamás harán seguimiento. ¿Sabes por qué? Por que están muy ocupados conociendo **nuevas** personas.

Ahora, puesto que los azules están allá afuera conociendo nuevas personas, y pensando a 200 kilómetros por hora, para nosotros aparenta que tienen muy poca capacidad de atención. Cuando estás hablando con los azules, ellos cambiarán el tema de la conversación cinco o seis veces antes de que tengas una oportunidad de decir algo.

Por ejemplo, si estás conduciendo una reunión, una personalidad azul levantará su mano y hará una pregunta por que… ¡simplemente quiere hablar! La pregunta puede sonar algo como esto:

–Tengo una duda. Estaba conduciendo rumbo a Chicago con mi nuevo distribuidor. Ibamos allá para ver a un prospecto, y estábamos conduciendo en mi Volvo por que el Mercedes estaba descompuesto. No puedo creer lo que me van a cobrar por el alternador del Mercedes. Por esa cantidad de dinero puedes comprar un vuelo a Disney. Es increíble el costo de las reparaciones de los coches europeos. Cuando volé por primera vez a Disney, estaba en el 4to grado. Y ahí en Disney puedes cortar naranjas directo de los árboles. Es totalmente diferente a cuando compras naranjas frescas de un supermercado que no están tan frescas. Y por supuesto, nuestra maestra de 4to grado, era hermana del primer esposo de mi madre. Fuimos como parte de un viaje escolar, y había otros grupos de Indiana, Illinois, incluso Wisconsin. Hace mucho frío en Wisconsin en el invierno, no sé cómo pueden vivir ahí. Pero bueno, vi un programa en televisión sobre Canadá y cómo la población de alces está reduciendo debido al calentamiento global...

Cinco minutos después, la personalidad azul termina la pregunta. Tú te preguntas: –¿Cómo respondo eso?–. Y te das cuenta de que no tienes que hacerlo, por que la persona azul sólo quería hablar. ¡Nadie estaría escuchando tu respuesta de todas formas!

Sabrás cuando tienes a un prospecto azul en tu junta de oportunidad, debido a que a media reunión, el prospecto azul saltará de su silla y correrá hacia afuera por que **tiene que hablar.** El prospecto azul verá a un desconocido en el pasillo, e instantáneamente comenzará a hablar y dirá:

–Oh amigo, ¡tienes que unirte con nosotros! ¡Esto va a estar tremendo! Wow, tienen estos viajes próximamente, ¡los viajes! Vamos a conocer muchas personas, diversión, reuniones, va a estar asombroso. No puedo recordar el nombre de la compañía, no recuerdo de qué se trata, ¡sólo únete! ¡Esto va a estar increíble!

Sí, esa es una verdadera personalidad azul. Ellos son las personas de "panorama completo." Ellos no se preocupan sobre los pequeños detalles como el nombre de la compañía o los productos.

## La habilidad es ser capaz de identificar a la personalidad azul.

Recuerda, el lenguaje secreto de cada persona es fácil. Sólo un par de palabras. La habilidad real es ser capaz de reconocer el color de personalidad que tiene tu prospecto... pronto.

Los azules son fáciles de identificar debido a que siempre están hablando. Están llenos de vida. Cada vez que veo a un niño de tres años haciendo el paso de Michael Jackson en el centro comercial me digo a mi mismo: –Sip, esa es una personalidad azul. Y los padres están frente a una larga, larga infancia tratando de hacer que ese niño se enfoque. Veamos algunos ejemplos de personalidades azules.

Mel Gibson en la película *Arma Mortal* era azul. Era un loco policía, que buscaba acción constante, sentías como si fuese a decir: –Salgamos a la calle a dispararle a alguien, llenemos los reportes después, y luego hacemos las preguntas.– Acción, acción, acción.

Los azules toman acción, no necesitan ser molestados con datos e información, ya están en la calle construyendo su negocio de redes de mercadeo antes de siquiera saber lo que hacen los productos. Tienes que amar a las personas con ese tipo de mentalidad de acción.

Los azules pasan su tiempo en acción, y no pierden su tiempo en ponderaciones ni pensamientos. Simplemente salen y hacen que las cosas sucedan. Si quieres que algo marche, pon a los azules sobre ello.

Si un azul aterriza en tu aeropuerto local, lo primero que diría es: –Oh, ¿qué visita turística podemos hacer primero? ¿A cuáles fiestas podemos ir esta noche? ¿Qué tipo de diversión podemos tener ahora mismo?

John Cleese, en la comedia británica *Fawlty Towers*, era un ejemplo genial de una personalidad azul. Actividad constante en cientos de direcciones diferentes al mismo tiempo, consiguiendo muy poco, buscando la diversión.

¿O qué tal el comediante inglés, Benny Hill? Cada show eran 30 segundos de frenética actividad, muchas risas, mucha diversión, y después otros 30 segundos de frenética actividad, risas, y más diversión.

¿Personajes de dibujos animados?

Bugs Bunny y Bob Esponja. Definitivamente personajes que aman la diversión. Nada tímidos, siempre buscando algo nuevo e interesante.

El personaje de Disney, Goofy, a él le encantaba vivir el momento, sin planear, divirtiéndose, y hacía eso con una sonrisa en su rostro las 24 horas, sin importar en cuántos problemas estuviese.

¿Homero Simpson? Definitivamente azul. Nunca piensa las cosas, no planea, sólo vive cada momento y disfruta la vida como mejor puede. Y sí, su esposa Marge es la personalidad amarilla que se encarga de todo el desorden que Homero causa.

En la película *Buscando a Nemo*, el pececillo azul que hablaba rápidamente llamado Dory, tenía corta memoria pero era animosa y lista para la próxima aventura. Ella era ultra azul.

¿Qué hay del perro de Charle Brown, Snoopy? Por supuesto que Snoopy era un azul. Siempre divirtiéndose, imaginando que era piloto... los azules viven en el presente.

En el show infantil, *Plaza Sésamo*, ¿puedes pensar en algunas personalidades azules? ¿Qué tal Ernesto? Lleno de diversión, travesuras, disfrutando cada momento del día. ¿O qué tal el Monstruo Come-galletas? Él vivía en el momento, estaba emocionado cada vez que veía una galleta, estaba lleno de vida, y tenía... ¡pelaje azul!

## Comportamiento azul.

¿Recuerdas ese banquete?

Imagina que la personalidad azul entra a ese gran salón del banquete. Hay grandes mesas redondas, algunas con muchas personas riendo felizmente, y una mesa donde una persona se sienta por su cuenta.

¿En qué mesa se sentará la personalidad azul?

Bueno, no en la mesa con el solitario. Ahí es donde se sentó la personalidad amarilla.

En lugar de eso, la personalidad azul encontrará la mesa más ruidosa, la más emocionante, donde ya no hay lugar para sentarse y la personalidad azul acercará una silla y se unirá a la diversión y conversación de esa mesa. La personalidad azul quiere conocer el máximo número de personas nuevas.

Las personalidades azules **tienen** que estar entre la gente.

Una de mis nietas es una personalidad azul. Cuando era pequeña, siempre estaba bailando, saltando y rápidamente probaba cosas nuevas e interesantes, inclusive cuando tenía dos años, nunca se aventuraba sola. Ella naturalmente quería estar con otras personas.

Los azules quieren estar donde está la acción.

## ¿Los azules constituyen buenos líderes?

¡Por supuesto! Son personas de acción. No van a esperar mientras un comité toma una decisión. Ellos quieren estar en acción ahora mismo.

Su grupo no necesita preocuparse sobre qué hacer en el viaje de la compañía. Los azules ya tienen excursiones reservadas y la música ya está sonando.

## Por qué tus prospectos no te comprenden.

Considera la palabra 'banquete.'

¿La palabra 'banquete' significa algo diferente para la personalidad amarilla y la azul?

Si.

Para los azules, 'banquete' significa la posibilidad de hablar, divertirse y conocer a nuevas personas.

Para los amarillos, 'banquete' significa la posibilidad de asegurarse que todos están felices y nadie se queda olvidado.

Y ese es el problema con la comunicación. Casi cada palabra de tu presentación puede significar algo completamente diferente, dependiendo del color del lenguaje que tu prospecto comprende.

Si cada palabra que dices puede significar algo diferente a una personalidad diferente, ¿ahora es obvio por qué las personas no se afilian a nuestros programas o compran nuestros productos?

Si hablamos un color de lenguaje diferente al que nuestro prospecto comprende, habrá confusión y malos entendidos, y esa persona no se unirá ni nos comprará.

## La habilidad es reconocer rápidamente la personalidad azul.

Afortunadamente, esto no es difícil.

Si te encuentras de pie mientras la otra persona habla y habla, bueno, has encontrado a una personalidad azul. Así que identifica las palabras en las conversaciones de esa persona, tales como:

- Diversión.
- Excelente.
- Impresionante.
- Interesante.
- Viajar.
- Nuevo.
- Emocionante.

¡Y luego date cuenta de que **no te están escuchando**!

Puede que escuches estas palabras en una conversación que suene como esto:

−Mi trabajo ya no me **divierte**. Es aburrido, un día tras otro. Aburrido. Estoy buscando algo donde pueda salir y conocer personas **nuevas, interesantes,** y no estar **estancado** detrás de un escritorio.

## Cómo invitar a una personalidad azul a una junta de oportunidad.

Aquí está un ejemplo **exagerado** de cómo hablar con una personalidad azul en su lenguaje natural azul.

De nuevo, todo lo que estás haciendo es informándoles que quieres que asistan a tu junta de oportunidad, pero estás poniendo tu petición en un lenguaje que ellos comprenden. Aquí está tu invitación:

Primero, espera a que la personalidad azul tome un respiro, y un sorbo de su soda. Esta es tu oportunidad de decir algo rápidamente antes de que comience a hablar de nuevo. Esta es tu invitación.

−Tenemos una junta mañana por la noche. Va a ser muy emocionante, mucha diversión. Vas a poder conocer muchas personas y hablar con ellos antes de la junta, durante la junta, y por horas después de la junta. Tenemos viajes gratis que podemos ganar a Las Vegas y a Londres, y podemos tomar un avión 747, poner un barril de cerveza en el pasillo, cantar karaoke y tener una gran fiesta de camino a nuestras vacaciones. Y una vez que lleguemos a nuestro destino, vamos a tomar tours todo el día, ir de fiesta toda la noche, estar despiertos durante 96 horas seguidas... y sólo tienes que venir, necesito un compañero para el viaje...

Hey, la personalidad azul ya está adentro lista para unirse y comenzar a hablar con personas. ¡La personalidad azul no necesita una presentación! Esto suena a mucha diversión, así que la decisión de unirse ya ha sido tomada.

Lo que es realmente grandioso acerca de hablar con azules es que ellos en realidad no están escuchando. Así que si olvidas qué decir, sólo di lo que sea rápidamente y con mucha alegría. Funciona.

# LA PERSONALIDAD "ROJA."

La tercera personalidad es la personalidad "roja," y estas personas:

- Quieren estar a cargo.
- Quieren ser el jefe.
- Quieren decirle a otras personas qué hacer.
- Son geniales organizadores.
- Son personas que quieren resultados.
- Odian a las personas con excusas quejumbrosas.
- Y todo se trata de... **¡dinero!**

Las personalidades rojas son las que ganan más dinero en redes de mercadeo. Seguro, los azules hablarán con más personas, pero los rojos organizan a sus equipos y demandan resultados.

Todos amarían a un líder rojo en su equipo. ¿Por qué? Ellos lo harían a su modo y terminarían el trabajo, sin solicitar tu contribución.

Si no tuvieses líderes rojos en tu equipo, ¿quién organizaría las reuniones? Los amarillos no lo harán. Ellos dirán: –Oh, tengamos una reunión, nos sentaremos en un semicírculo, cantaremos la canción de la compañía, y comeremos galletas. Luego podemos discutir lo que debemos hacer en la reunión. Quizá dejaremos que alguien más organice la reunión y esté a cargo, y nosotros podemos ayudarle y apoyarle.

¿Y los azules? Hey, los azules no pueden ni organizar dos pensamientos seguidos sin cambiar el tema. ¡No vas a querer a tus líderes azules organizando nada!

Es por ello que las personalidades rojas son tan importantes. Ellos toman el mando y hacen el trabajo.

Encontrarás personalidades rojas como jefes, directivos, y políticos. Sí, los políticos son rojos. Ellos dicen: –Vota por mí y luego te diré qué hacer.

Necesitas a los rojos organizando las cosas. Por ejemplo, si necesitaras un planificador de bodas, ¿querrías a una personalidad amarilla como organizador de tu boda? Ella diría: –Oh, sí, mi gato estaba enfermo, así que no llamé al pastelero y por eso tu pastel es amarillo en lugar de blanco. El pobre pastelero, perdió a su perro hace unas semanas, no se siente bien desde entonces.

No, tú quieres a un planificador de bodas rojo que se asegure que tu boda sale sin dificultades, con eficiencia militar perfecta.

## Algunos ejemplos de la personalidad roja.

Margaret Thatcher de Inglaterra era roja. Su estilo era confrontar a las personas. Ella quería las cosas a su manera.

Donald Trump es rojo. Con él todo se trata de dinero. No titubea al decir: –¡Estás despedido!– si alguien no cumple sus expectativas.

Los mejores atletas y personas con grandes egos son personalidades rojas. Tienen que ser #1 en todo.

El Sr. Burns, el codicioso dueño de la planta nuclear en *Los Simpsons* es totalmente rojo. Y también la Bestia en *La Bella y la Bestia*.

En la comedia británica *Fawlty Towers*, la dominante esposa Sybil era roja. Ella no escuchaba tonterías, y en lugar de eso, se hacían las cosas. Ella tenía que ser roja debido a que su esposo, John Cleese, era completamente azul y necesitaba una fuerte guía.

De los shows de televisión realmente viejos, Archie Bunker y George Jefferson eran rojos que nunca escuchaban, y siempre sentían que tenían la respuesta correcta ante todo.

¿Y Lucy, la amiga de Charlie Brown? Ella quería ser la jefa de Charlie y decirle a él y a los otros qué hacer. Siempre queriendo dar su opinión y dar consejos, Lucy era completamente roja.

## ¡Los rojos tampoco escuchan!

Con los amarillos todo se trata de ayudar a otras personas, con los azules todo se trata de tener diversión (sí, los azules son los que más se van a divertir en redes de mercadeo) y con los rojos todo se trata del dinero. Pero los rojos no escuchan.

Ahora, los rojos no escuchan debido a que ya tienen todas las respuestas correctas. ¿Por qué habrían de escuchar nuestras pequeñas y sosas opiniones cuando ellos ya saben todo? Los rojos nunca se han equivocado… ¡acerca de nada!

Eso significa que si tienes líderes rojos en tu equipo, ellos no te están escuchando. Ellos ya saben cómo van a hacer su negocio, cómo van a realizar sus campañas, y cómo van a construir sus grupos. Sabes que tienes un líder rojo en tu línea de auspicio cuando el líder dice esto:

–Muy bien equipo, vamos a reunirnos. Todos vamos a comprar una lista de 500 prospectos. Quiero una lista con los 200 nombres de sus mejores prospectos en mi escritorio para mañana en la mañana. Además, quiero que todos aquí hagan 50 llamadas en frío todos los días, toquen en 33 puertas, y tengan dos invitados en cada junta de oportunidad. Es a mí manera o a mí manera.

## A los rojos les encanta la competencia y el reconocimiento.

Los rojos ganarán más dinero debido a que son muy competitivos. Ellos aman la competencia. Si hay un trofeo, los rojos quieren el reconocimiento de ganar el trofeo. Ellos ven cada trofeo como un lugar para exhibir su nombre.

Si una personalidad roja llegase en 4to lugar en una competencia, llamaría a las personas en 5to, 6to, 7mo, 8vo, 9no y 10mo lugar en la competencia y diría: –¡Hola perdedor! ¡Mira dónde estoy! Sí, a los rojos les encanta ganar.

## ¿Te gustaría ver cómo un rojo recibe un trofeo?

Cuando un rojo recibe un trofeo en la gran reunión, él dice: –Gracias por el trofeo. Trabajé muy duro por esto, me lo merezco, ¡y ustedes son unos perdedores!

¿Te gustaría ver cómo una personalidad amarilla recibe el mismo trofeo?

La personalidad amarilla recibe el trofeo y dice: –Uuh uh uh. Snif snif snif. En realidad no me merezco este trofeo. Deberíamos de darle este trofeo a la pobre Mary, ella tiene un gato enfermo en casa, y este trofeo la animaría.

¿Te gustaría ver cómo una personalidad azul recibe el mismo trofeo? Él recibe el trofeo e instantáneamente comienza a hablar a 200 kilómetros por hora diciendo: –¡Trofeo! Esto me recuerda a mi viaje a Disney. Teníamos pequeñas sombrillas en nuestras bebidas de camino al avión. ¿Sabes al lado de quién me senté? Ella se detuvo a comprar zapatos en el mismo lugar que mi tía compra sus zapatos. Está al lado del nuevo centro comercial que van a construir. Tendrá un salón de bolos fenomenal. No puedo esperar a jugar a los bolos en la liga de ahí…

Wow. El simple acto de recibir un trofeo puede tener tres diferentes significados, dependiendo de que personalidad estemos hablando.

¿Se está haciendo más fácil comprender que lo que decimos puede significar algo para nosotros, pero puede significar algo completamente diferente a un color de personalidad distinto?

## Necesitas a todos.

Sí, necesitas a los rojos en tu equipo para organizar y mantener a todos enfocados. Necesitas a los azules en tu equipo para traer muchas personas nuevas. Además, los azules harán tus juntas más divertidas y emocionantes. ¡Son mejor conocidos como "asesinos del aburrimiento"!

Y por supuesto necesitamos a los amarillos para apoyar y ayudar en todos nuestros eventos, y para hacer la paz y mantener a todos felices.

Todos los tres colores constituyen grandes líderes.

## Comportamiento rojo.

¿Recuerdas ese banquete? ¿Qué sucede cuando una personalidad roja asiste a ese banquete?

Bueno, el rojo ingresa a ese salón del banquete, inmediatamente toma el mando, sujeta el micrófono, reacomoda las mesas, le dice a todos donde sentarse, y anuncia el orden del día.

Los rojos se hicieron para estar a cargo y organizar todo. Y eso es importante.

¿Recuerdas esas 12 personalidades teniendo una reunión? ¿Recuerdas cómo iban a morir de hambre debido a que nadie estaba dispuesto a sugerir un lugar para comer por miedo a ofender a alguien?

Si una personalidad roja entrara a esa reunión, la personalidad roja diría: –Todos vamos a comer en la cafetería en el primer piso. El servicio es rápido, y podemos regresar a trabajar en 20 minutos. ¡Vayan ahora y no se demoren en regresar!

Las 12 personalidades amarillas aplaudirían por que tienen una oportunidad para comer, y no tuvieron que hacer la decisión final personalmente.

## Las personalidades rojas son rojas.

Cuando hablas con una personalidad roja, te darás cuenta que las personalidades rojas frecuentemente piensan que son... ¡amarillas! Sólo pregúntales su color y ellos responderán: –Oh, soy amarillo. Yo sólo estoy ayudando a estos pobres perdedores diciéndoles qué hacer. Estos idiotas no pueden ni cuidarse a ellos mismos, así que los estoy reorganizando para poder hacer algo de trabajo.

Sí, estos rojos **piensan** que son amarillos, pero nosotros sabemos mejor.

## La habilidad es reconocer rápidamente a la personalidad roja.

Afortunadamente, de nueva cuenta, esto no es difícil.

Si te encuentras tragando saliva mientras la otra persona te dice "cómo son las cosas"... probablemente estás hablando con un rojo. Escucha por palabras tales como:

- Dinero.
- Poder.
- Riqueza.
- Competencia.
- Perdedores.

- Quejumbrosos.
- Resultados.
- Control.
- Jefe.
- Líder.
- Imagen.

Y si estás hablando con un prospecto y el prospecto dice: –Déjate de cuentos. Vamos al grano. ¿Cuántas personas tengo que meter para ganar $1,000?

Esa es una pista. Esa persona es una personalidad roja.

### Recuerda buscar estos rasgos.

- Son personas de resultados. Quieren que llegues a los datos, especialmente los datos sobre el dinero.
- Con ellos todo se trata de dinero – ellos usan el dinero como una medida de éxito en los negocios. Así que cuando dices 'grandes cantidades de dinero'... estás hablando su lenguaje.
- Son organizadores geniales, y es por eso que necesitas rojos en tu equipo. ¿Quién más organizará las reuniones y entrenamientos?
- Les gusta ser el jefe. Están en su cúspide cuando están a cargo. Los rojos constituyen terribles seguidores. Ellos aman decirle a otras personas qué hacer.

### Mantente fuera de su camino.

Los rojos tendrán su propio sistema, su propio equipo, sus propias campañas..., y tu trabajo es mantenerte fuera de su camino y apoyarlos de cualquier manera que puedas.

Ellos lo harán a su manera, debido a que saben exactamente cómo quieren que se duplique su negocio. No están buscando recibir órdenes o sugerencias de tu parte.

¿Y tu recompensa por mantenerte fuera de su camino? Bueno, primero, se harán cargo de los problemas en su grupo. No te estarán pasando problemas.

Y segundo, te van a hacer ganar mucho dinero. Así que siéntate y disfruta.

## Cómo invitar a una personalidad roja a una junta de oportunidad.

Aquí está un ejemplo **exagerado** de cómo hablarías con una personalidad roja en su lenguaje natural rojo.

De nuevo, todo lo que estás haciendo es informándoles que quieres que asistan a tu junta de oportunidad, pero estás poniendo tu petición en el lenguaje que ellos comprenden.

–Tenemos una junta de oportunidad mañana por la noche. Llega a tiempo. Vamos a hablar de dinero. Mucho dinero. Cantidades gigantes de dinero. No el tipo de dinerito que te da un empleo, sino de grandes cantidades de dinero de tener tu propio negocio.

Aquí está tu oportunidad de despedir a tu jefe, ser tu propio jefe, tener tu propia organización, y decirles qué hacer. Puedes ser #1 en el estado y recibir el reconocimiento que mereces. Además, puedes finalmente recibir un cheque de ingreso que reconoce tu grandeza, luego comprar ese Ferrari rojo que siempre has querido, conducir a donde solías trabajar, dejar marcas de caucho arriba y abajo del estacionamiento de la compañía, bajar la ventanilla y saludar diciendo: –¡Adiós, perdedores!

Sólo los rojos comprenden estas frases. Para ellos, cuando decimos estas frases, es como si estuvieses leyendo su mente. Están de acuerdo, nada más que discutir. Ellos estarán en tu junta de oportunidad temprano, sentados en la primera fila.

Ahora, si no eres una personalidad roja, no comprenderás estas frases. No lo entiendes. De hecho, si eres una personalidad amarilla estás pensando: –Oh, pero que cruel.

Pero este es el lenguaje de la personalidad roja.

# La personalidad "verde."

Las personalidades verdes son tus:
- Ingenieros.
- Contadores.
- Nerds de computación.
- Científicos.

Sí, las personalidades verdes son gente aburrida, libre de personalidad, con un puenteo en el carisma, y no se les debe de dejar solos en público.

Mientras que con los amarillos todo se trata de **ayudar** personas, con los azules todo se trata de tener **diversión,** y con los rojos todo se trata del **dinero**... los verdes sólo están interesados en:

## ¡Información!

La palabra 'información,' de hecho emociona a los verdes.

Ahora, mientras que los otros colores de personalidad tienen puntos buenos y puntos malos, las personalidades verdes sólo tienen puntos buenos. Oh, por cierto, ¿ya mencioné que yo soy una personalidad verde?

Para los verdes, el personaje de nuestro póster es el Sr. Spock de *Viaje a las Estrellas*. ¿Lo recuerdas? Todo acerca de la lógica, los datos, la información, y sin emociones.

En la tira cómica *Dilbert*, ambos Dilbert y su amigo Wally son verdes. Ambos están ligeramente inhabilitados para la moda y ven el mundo en blanco y negro, sin matices de gris. Los puntos de vista de Wally y Dilbert son la lógica, los datos, y luego más información.

*¿Plaza Sésamo?* ¿Qué tal el Conde Contar cuando se enfocaba en los detalles de enumerar todo? Y tienes que admitir que el amigo de Ernesto, Beto, tenía un poco de la personalidad anti-social verde.

Sabes que estás hablando con un prospecto verde cuando terminas tu presentación de tres horas y el prospecto verde dice: –Gracias por tu información **preliminar.** Ahora iré al internet e investigaré 44 diferentes sitios web, organizaré una hoja de cálculo de Excel y una base de datos, las relacionaré, las haré interactivas..., y me pondré en contacto en aproximadamente 3.7 semanas.

Así que si estás buscando una decisión rápida de una personalidad verde, sólo terminarás frustrado. Los verdes vuelven locos a las personalidades rojas y azules ya que demoran las decisiones y actividad. Su motivación es recolectar toda la información disponible, y después ponderar todas las posibilidades y potenciales escenarios futuros para asegurarse de que no se cometerá ningún error.

Las personalidades verdes están muy cómodas con los libros y las computadoras, y muy incómodos con los humanos.

Así que las personalidades verdes que encuentres pasarán mucho tiempo pensando y muy poco tiempo actuando. Todo lo contrario a la personalidad azul que pasa demasiado tiempo actuando, y muy poco tiempo pensando. Mi amigo azul, Michael, dice:

–Mi vida sería mucho mejor si no fuese por esas personalidades verdes. Les llamo y digo, '¡Hey! Ya has sido distribuidor durante seis meses. ¡Sólo habla con alguien!' Y las personalidades verdes me responden, 'Bueno, hay dos preguntas más que debo de traducir al Ruso, sólo por si acaso la primera persona que me tope hable Ruso. Quiero estar preparado antes de empezar.'

¿Por qué las personalidades verdes tienen que acumular toda esta información? Por su puesto que se quieren asegurar de hacer la decisión correcta, pero también quieren ser capaces de responder cualquier pregunta de su organización.

Lo que es genial de las personalidades verdes es que una vez que hacen una decisión, se quedan con ella. Atravesaron todo el esfuerzo, todos los datos, sopesaron todas las posibles opciones, y una vez que han tomado su decisión, se van a quedar con ella por mucho, mucho tiempo. Los verdes pueden no ser muy rápidos al comenzar, pero los verdes son las personas que se quedarán contigo por un largo plazo.

## Esto significa que las personalidades verdes constituyen líderes geniales también.

Cuando alguien en su organización llama con una pregunta, las personalidades verdes saben la respuesta. Y si necesitas saber la respuesta a una pregunta sobre el plan de compensación o algún ingrediente mágico, ellos tienen la respuesta para eso también.

Los verdes pasan todo su tiempo preparándose para esto, así que si un distribuidor de su organización llama y solicita un formato de aplicación de 1982, ellos responderán: –¿Quieres la Revisión A o la Revisión B? Tengo ambas en inventario.

Las personalidades verdes pasan todo su tiempo asistiendo a entrenamientos, re-escribiendo folletos, acumulando información… debido a que estas actividades les ayudan a evitar hablar con personas. Redes de mercadeo, hablar con personas, queda un poco fuera de la zona de confort de la mayoría de las personalidades verdes. Ellos deben de estar completamente preparados antes de que tengan la confianza de hablar con su primer prospecto.

En el lado positivo, las personalidades verdes son extremadamente leales. Ellos ya han investigado todas la compañías competidoras, y han elegido su compañía actual como la mejor.

### Comportamiento verde.

Si los amarillos son profesionales para abrazar, los verdes serían anti-abrazos. Los verdes no son muy buenos entre personas. Si intentas abrazar a una personalidad verde, se transformará en un témpano de hielo y tratará de escabullirse.

Mi amigo Michael, le gusta atormentarme por que soy verde. Algunas veces voy a Canadá a visitar a mi amigo verde Gary. Michael llama a Gary y dice: –Hey, Gary, cuando Big Al llegue a visitarte, ¡quiero que le des un enorme abrazo! Y por favor toma una foto de eso, ¡por que dos verdes abrazándose no se ha visto antes!

Así que si los verdes son anti-abrazos, los amarillos son profesionales para abrazar, ¿qué hay de los azules? ¿Cómo se sienten los azules con los abrazos? Ellos dicen: –¡Yupiii! ¡Suena divertido!

¿Y qué hay de los rojos? Si le pides a una personalidad roja un abrazo, puede decir: –¿Cuantas comisiones me pagan por eso?

El simple evento de abrazar puede tener cuatro diferentes significados, lo que significa que casi cada palabra en nuestra presentación puede tener cuatro significados diferentes dependiendo del color de lenguaje que comprenda el prospecto.

Ahora debe de quedar claro como el agua el porqué las personas no nos compran o se asocian. Ellos no nos comprenden debido a que están interpretando nuestras palabras de diferentes maneras, por que hablan un lenguaje diferente.

## Más comportamiento verde.

Sabes que estás casado con un verde cuando los verdes planifican las vacaciones familiares. Las personalidades verdes saben cuántos kilómetros hay entre cada estación de combustible, y cuál estación ofrece mejores servicios (lo investigaron en internet). Reservó los hoteles con nueve meses de anticipación para conseguir el mejor precio posible y hay una agenda para todo lo que se va a hacer.

Si una cerradura de una puerta se descompone en tu casa, la personalidad verde pasará tres meses investigando por qué falló y luego escribirá un manual de prevención para cerraduras averiadas. Luego, la personalidad verde pasará seis meses comparando precios en tiendas locales en busca de la mejor cerradura de reemplazo al mejor precio, luego comparará esos precios con los precios en internet alrededor del mundo. Cuando la cerradura de reemplazo por fin llega, viene acompañada con $250 de herramientas y $300 de manuales de instalación. Ah, pero cuando esa cerradura queda reemplazada, será la mejor cerradura que hayas visto jamás.

Durante uno de mis seminarios, una personalidad verde me dio su tarjeta de negocios durante una pausa. Bien, realmente no era una tarjeta de presentación. Era de hecho una hoja de papel recortada del tamaño de una tarjeta de presentación por que eso era más económico. En su tarjeta, él había escrito toda su presentación de negocio de un minuto, al frente y al reverso, en letra tan pequeña que apenas se podía leer.

Miré su tarjeta y le pregunté: –¿Esto qué es?

Él respondió: –Bueno, es mi tarjeta de presentación. ¿Qué piensas de ella? Tengo un plan. De noche, cuando todos en el vecindario estén dormidos, me escabulliré y colocaré estas tarjetas en el limpia-parabrisas de los coches. Cuando mis vecinos se levanten por la mañana, ellos leerán mi presentación de un minuto en esta tarjeta y se unirán a mi negocio. ¡Ni siquiera tendré que hablar con ellos!

Bueno, quizá el desastre espera a este plan. Sin embargo, podría haber otra personalidad verde en este vecindario y podría suceder esto:

Ese vecino verde camina hacia su coche por la mañana y dice: –Hmm, parece que hay un pedazo de papel, aproximadamente de las dimensiones de una tarjeta de presentación, debajo de mi limpia-parabrisas. Me pregunto qué dirá. Sacaré mi práctica mini-lupa de mi estuche de herramientas portátil y leeré la micro-impresión. Hmm, parece una oferta interesante. Lo revisaré por internet y veré si puedo asociarme por mi cuenta. Quizá pueda elegir un número ID impactante, como 007.

Está bien, dije que **podría** suceder, pero probablemente no. Así es como piensan los verdes. Las personalidades verdes harán casi cualquier cosa por evitar el contacto con nuevos prospectos.

## ¿Que harían los verdes en el banquete?

Ha, ha, ha. Pregunta capciosa. Los verdes no asisten a los banquetes debido a que hay personas en los banquetes. En lugar de eso, las personalidades verdes se quedan en casa a navegar en internet.

Los verdes se casan con esposas con otro color de personalidad y las mandan al banquete.

Sí, la palabra banquete significa algo totalmente diferente para los verdes.

Probablemente te estás preguntando, ¿cómo un verde recibe un trofeo?

Bien, ¿recuerdas cómo el amarillo recibió el trofeo? "Alguien más se lo merece."

Y el azul recibió el trofeo y comenzó a hablar sin parar sobre lo que tuviese en mente.

El rojo dijo, "Soy un ganador y todos son perdedores."

¿Pero qué hay de los verdes?

Bueno, nosotros no recibimos trofeo. Estamos muy ocupados leyendo las reglas y buscando errores en el comunicado. Nunca comenzamos a tiempo.

De nuevo, los trofeos significan algo completamente diferente para los verdes.

## ¿Cómo manejan el dolor las personalidades verdes?

Imagina que una personalidad verde va a su taller en el sótano de su casa. Accidentalmente, el verde golpea sus dedos con su martillo. El dolor instantáneamente golpea su brazo y la alarma se activa en su cerebro.

¿Qué hace el verde? Se pregunta a sí mismo: –Me pregunto si el dolor en mis dedos tiene algo que ver con el impacto del martillo aplastando mis huesos. Mejor me aseguro.

Así que de nuevo, el verde golpea sus dedos con el martillo. Y de nuevo, siente un intenso dolor y la alarma se activa.

El verde piensa: –Sí, parece que hay una relación entre el dolor en mis dedos y el impacto del martillo. Creo que he comprobado que existe una relación. Lo haré una vez más para comprobar mi teoría, sólo para estar bien seguro.

Las personalidades verdes son escépticas. Necesitan pruebas. Quieren estar seguros antes de tomar decisiones.

Así que, espera demoras en las decisiones y acciones de las personalidades verdes. Y luego, una vez que estén seguros, puedes esperar enfoque y lealtad. Esa es la recompensa.

## La moda de los verdes.

Oh, esas palabras nunca deben de estar juntas.

De todos los colores de personalidades, los verdes son los más disfuncionales cuando se trata de la moda. ¿Por qué?

Por que no hay un manual con listados de verificación para la moda. Yo todavía estoy buscando el manual con todas esas reglas de moda redactado por un comité que nadie ha visto.

La moda es más un arte que una ciencia, y para nosotros las personalidades verdes, si no hay reglas sólidas, rápidas, vamos a estar... perdidos.

¿Quién fue la persona que inventó la regla que dice que las camisas de rallas no deben de usarse con shorts kaki y calcetines negros? ¿Por qué una poderosa corbata roja de rayas delgadas no debe usarse con una camisa con estampado de cachemira?

## Por qué los ingenieros verdes no bailan.

¿Has visto a un ingeniero verde bailando? Es muy mecánico. ¿Quieres saber lo que pasa por su cabeza mientras baila?

'Comenzar proceso #1: levantar pie derecho 5.5 centímetros, balancear peso 62% al pie izquierdo, hacer un arco de 90 grados con el pie derecho, girar el cuerpo 180 grados, repetir proceso #1 con el pie izquierdo...'

## Necesitamos a las personalidades verdes.

Muchas personas se burlan de los verdes por que luchan para comenzar en redes de mercadeo, con malas habilidades para la gente, pero recuerda esto. Cuando estés cruzando un puente, desearías que estuviese construido por un verde. No quieres que ese puente esté construido por un azul. Si el azul estuviese a cargo de construir ese puente, la conversación durante la construcción pudiese sonar algo como esto:

–Oh, no está bien nivelado por aquí. ¡Coloca una lata de cerveza debajo!

Las personalidades verdes constituyen guardias de seguridad geniales. ¿Te imaginas a una personalidad amarilla como guardia de seguridad? Cuando el amarillo ve al ladrón robando las computadoras de la empresa, el amarillo diría: –Oh, esas están muy pesadas. ¿Necesitas ayuda? Por favor cuéntame sobre el trauma de tu niñez.

Así que necesitamos a los verdes, necesitamos a los amarillos, necesitamos a los azules, y sí, necesitamos a los rojos. Todos tienen su lugar al hacer que nuestras organizaciones crezcan.

## Cómo invitar a una personalidad verde a una junta de oportunidad.

De nuevo, aquí está un ejemplo **exagerado** de cómo le hablarías a una personalidad verde en su lenguaje natural verde.

–¿Vendrías por favor a la reunión de mañana por la noche? Necesito tu **opinión**. Nos vamos a sentar muy atrás en el fondo del salón, donde nadie nos molestará, nadie nos pedirá que nos afiliemos… y trae un cuaderno grande, por que habrá mucha información. Y espero que para el final de la reunión, tengamos suficiente información para comenzar nuestra investigación preliminar. ¡Ka-chín!

Nosotros las personalidades verdes estaremos ahí. Nos sentimos cómodos por que es nuestro lenguaje.

Las personalidades verdes, como las amarillas, no les gusta que les vendan. Esta es una invitación perfecta para los prospectos verdes en tu vida.

Y si utilizáramos esa misma invitación verde, pero con una personalidad azul… bueno, ese prospecto azul hubiese terminado un six-pack de cerveza y se hubiese ido en busca de algo más emocionante antes de terminar nuestra invitación.

# ¿QUÉ COLOR DE PERSONALIDAD ERES TÚ?

Algunas personas son tan azules que sabes su color de personalidad de inmediato. Cuando veo a un niño de cuatro años haciendo pasos de baile y cantando en el aeropuerto, ya se que sus padres van a tener un camino largo e interesante al criar a su hijo azul.

Algunas personas son tan rojos que es fácil clasificar su color. Cuando veo a una niña pequeña mangoneando a sus compañeros y dando órdenes en el jardín de niños, yo veo a una futura político o gerente. Nació para liderar y dar órdenes.

Me encanta cuando las personalidades son fáciles de reconocer. Entonces no necesitas un cuestionario o un test de personalidad enorme por que ya sabes de inmediato qué color son.

## ¿Pero qué hay de ti?

¿Qué color de personalidad crees que eres?

La mayoría de las personas tienen un color primario, y quizá un poco de otro color. Para mí, yo soy 100% verde así no tengo que preocuparme por qué color soy. (Sí, hice la investigación sobre todas las alternativas antes de decidir que soy 100% verde.)

Si no estás seguro de tu color de personalidad, aquí hay algunas razones por las que pueda no ser claro para ti.

**Razón #1:** Eres una personalidad amarilla y estás pensando: –Oh, desearía que alguien llegara y me dijera cuál es mi color.

**Razón #2:** Eres una personalidad azul y sólo hojeaste este libro hasta este punto y no estabas poniendo atención realmente.

**Razón #3:** Eres una personalidad verde y estás pensando: – Necesito mucha más información antes de hacer mi decisión final.

Está bien, sólo bromeo sobre estas razones. De hecho, los rojos siempre saben qué color son. Si les preguntas sobre cual es su color de personalidad, ellos responderán: –Soy rojo. Soy el mejor color, y no necesito esos otros colores estúpidos.

## ¿Qué tal si siento que soy de todos los colores?

A eso le llamamos 'psicótico.'

Desorden de personalidad múltiple. :)

Está bien, todos tenemos un poco de todos los colores, pero usualmente un color resalta más, y quizá tenemos un color secundario que es muy prominente también.

Escucharás a la gente decir: –Oh, yo soy azul, pero también tengo algo de amarillo.– Sí, está bien que las personalidades azules se preocupen por otras personas. Está bien que un verde ocasionalmente hable alto y tome el control de una junta.

Y si sientes que tienes dos colores, eso significa simplemente que puedes hablar el lenguaje de dos colores nativamente.

Eso está genial, y debes de felicitarte a ti mismo. Sólo debes de aprender los otros dos lenguajes, y serás capaz de comunicarte con todos en su lenguaje nativo.

## Pregúntale a tus amigos.

No nos vemos a nosotros mismos desde un punto de vista imparcial. Así que si no estás seguro de qué color de personalidad eres, ¡simplemente pregúntale a tus amigos!

Ellos estarán felices de decirte el color de personalidad que tienes. Para ellos es obvio.

## Mi color del trabajo… ¿o es mi color personal?

Muchas personas no saben qué color son debido a que confunden su color personal con su color del trabajo.

El que es importante es tu color personal. Los trabajos vienen y van, pero permanecerás con tu mismo color de personalidad.

Concéntrate en el color que sientes que eres, y no permitas que tu empleo influencie tu juicio. Aquí está el por qué.

Digamos que Ana es amarilla. A ella le encanta abrazar a las personas. Un día consigue un trabajo en el departamento de servicio al cliente, ayudando a otras personas. Ana es tan buena ayudando a las personas en su trabajo que, la ascienden a… ¡gerente! Ups. Las personalidades rojas aman ser gerentes, pero las personalidades amarillas odian ser gerentes. Ahora Ana odia su trabajo por que ahora tiene que despedir personas.

Ana sigue siendo una personalidad amarilla, pero ahora está trabajando en un empleo rojo, como gerente tiene que despedir personas. Pobre Ana. Ahora llora todas las noches. Es una amarilla atrapada en un trabajo rojo, y odia su vida.

Muchas insatisfacciones se dan por personas que han escogido una carrera que no va de acuerdo a su color de personalidad.

Así que olvida el trabajo. Mira más profundo a tus prospectos para encontrar su color de personalidad verdadero.

## ¿Quieres otro ejemplo?

Imagina una personalidad azul, ¡estancada en un trabajo como contador! Esa persona sigue siendo una personalidad azul, sólo que está atrapada en un trabajo verde. De hecho, sería divertido observar a esa personalidad azul en el trabajo de contaduría. Lo puedo escuchar diciendo: –¡Hey, las cuentas no cierran! ¡Dame otra cerveza!

No creo que quisiera que mi contador fuese una personalidad azul.

## Todos hablamos fácilmente el color del lenguaje de nuestro color primario.

Es por eso que es fácil para otros contadores hablar con otros contadores, y para gerentes hablar con otros gerentes, y para dos personalidades azules hablar al mismo tiempo, ¡y los dos están contentos!

Algunas personas son como yo, de un solo color. Me gusta ser 100% verde.

Y algunas personas no se ven a sí mismos de manera realista. Una vez una mujer me dijo: –Oh, yo soy naranja –o sea, soy amarilla con rojo ascendiendo en el horizonte.

No, no, no. No es naranja, no es roja, sólo una personalidad amarilla que piensa demasiado en sus sentimientos.

Así que le dije a esta mujer: –¡Eres amarilla! Así que monta tu unicornio imaginario y enfrenta al mundo.

Me respondió: –Está bien, entonces seré amarilla. Digo, si estás de acuerdo con ello. :)

Tienes que amar a las personalidades amarillas.

## Aún así diariamente debes de hacer tareas que están asociadas con los otros colores de las personalidades.

Si eres una personalidad azul que ama la diversión, todavía debes de balancear tu chequera y pagar tus impuestos. Y llegar al trabajo a tiempo puede ser un reto, pero es algo que debes de tratar de hacer después de una buena noche de diversión.

Si eres una amable personalidad amarilla, todavía debes de tomar el control y hacer que los niños estén listos para la escuela ó insistir que tu paciente dental tenga buen cuidado de su dentadura. Si eres una personalidad roja, y tu hija de tres años viene con una astilla en su dedo, debes de ser amarillo por lo menos un momento.

La mayoría de los esposos dicen esto: –Mi esposa es tan roja. Siempre me está diciendo qué hacer.– Pero si la esposa no entrena a su esposo, ¿entonces quién lo hará?

Si eres una personalidad verde, todavía debes de mover 13 músculos en cada lado de tu boca para hacer una sonrisa cuando estás forzado a estar en eventos sociales.

## Todavía no estoy seguro de qué color soy.

Hagamos esto todavía más fácil. ¿Cuáles son las dos personalidades **extrovertidas?**

La azul y la roja.

Imagina que una líder roja de tu equipo superior promueve una campaña de patrocinio. Ella dice: –¡Quiero que todos en el equipo hablen con 50 desconocidos esta semana!

Bueno, los extrovertidos distribuidores rojos en el equipo estarán pensando: –Puedo hablar con mis 50 desconocidos antes de que el resto del equipo si quiera comience.

Los extrovertidos distribuidores azules en el equipo estarán pensando: –¡Qué bien! ¡Vamos a hablar con desconocidos! Esto será divertido. Genial. Vamos a platicar con desconocidos ya mismo.

¿Pero los amarillos y los verdes? Ellos son más callados, ni un poco extrovertidos. Ellos patrocinan diferente. Ellos no están cómodos acosando a totales extraños. En lugar de eso, ellos hablarán con menos personas, los conocerán y construirán una relación, y luego presentarán su negocio.

Por supuesto que los rojos piensan que los verdes y los amarillos son una bola de perdedores quejumbrosos por que no están hablando con cada extraño que se topan. Los rojos no comprenden que su manera no es la única manera de construir un negocio.

## Está bien, comprender cuales personalidades son extrovertidas ayuda.

Si eres extrovertido, hay una buena posibilidad de que puedas ser un azul o un rojo, ¿Correcto? ¿Pero cómo sabes si tú, como persona extrovertida, eres un azul o un rojo?

Bueno, si ya estás hablando... probablemente eres un azul.

Y si eres una personalidad roja, entonces ya estás pensando: –No necesito ninguno de esos otros tres inútiles colores estúpidos. :)

## ¿Qué hay de los colores más silenciosos?

Si eres más silencioso, eres probablemente amarillo o verde. Pero, ¿cuál de los dos?

Bueno, hay dos pruebas rápidas que puedes hacer.

**Prueba #1:** Pregúntate: –¿Tengo una personalidad?

Si la respuesta es 'sí,' eres amarillo.

**Prueba #2:** Pide a alguien que te de un enorme abrazo y ve qué ocurre. :)

Este ejemplo de películas lo dice todo.

Jerry "D'Rhino" Clark me dio esta historia sobre los colores de las personalidades. En la película *Titanic*, el barco golpea un iceberg y se hunde. ¿Qué están haciendo las diferentes personalidades mientras el barco se hunde?

1. Los amarillos están acomodando las almohadas en los botes salvavidas para que los sobrevivientes se sientan cómodos.

2. Los azules siguen en el bar con la banda. ¿Por qué no? ¡Ahora los tragos son gratis!

3. Los rojos ya se organizaron y abandonaron el barco en los primeros botes salvavidas disponibles.

4. Los verdes están calculando la presión en libras por pulgada cuadrada que fue necesaria para que el iceberg penetrara el casco.

## Como conclusión: realmente no importa cuál color eres.

Todos los colores son buenos. Naciste con tu color de personalidad, así que relájate, disfruta tu color y no te tensiones al tratar de cambiar tu color.

Lo que **sí** importa es el color que son tus prospectos.

Lo que quieres es hablar con tus prospectos con un lenguaje que les sea familiar y cómodo para ellos. Queremos que nuestro mensaje vaya directo a sus mentes y sus corazones, sin necesidad de que lo traduzcan por su cuenta.

# DESCUBRIENDO EL LENGUAJE SECRETO DE TUS PROSPECTOS.

Recuerda, la habilidad real aquí es descifrar **rápidamente** el color de personalidad de tu prospecto. Una vez que sabes el color de tu prospecto, sólo unas pocas palabras en el lenguaje de tu prospecto son todo lo que necesitas para comunicarte claramente.

La manera más fácil para aprender esa habilidad es haciéndolo. ¿Ya estás listo para probar esto en la vida real?

Quiero que elijas a un compañero ahora. Quizá alguien en tu organización, tu esposa, un desconocido... quien sea.

Encuentra alguien cerca de ti, o tal vez levanta el teléfono y llama con alguien que conoces.

Después, quiero que mantengas una pequeña conversación con tu compañero. Sólo una pequeña conversación de dos o tres minutos bastará. Tú y tu compañero pueden hablar de lo que deseen. Pueden discutir el clima, deportes, la telenovela de anoche... lo que sea interesante para ambos.

Al final de la conversación, pregúntate: −¿Qué color de personalidad es mi compañero?

¿Está claro?

¿No estás seguro del color de personalidad de tu compañero?

Antes de que entres en pánico, déjame decirte mis resultados.

Yo sólo puedo descifrar el color de mi prospecto alrededor del 50% de las veces. La mitad del tiempo, no tengo idea en absoluto del color de mi prospecto. ¿Por qué?

Quizá mi prospecto es un poco de todo. O, tal vez no estoy prestando mucha atención. No lo sé, pero simplemente me siento felíz al descifrar los colores de personalidad más **obvios.**

Lo que significa que el 50% del tiempo, no tengo idea de qué color de personalidad es mi prospecto, pero sí se que puesto que mi prospecto no es una versión extrema de ninguno de los colores de la personalidad, una presentación genérica estará bien.

## Pero, aquí está la magia.

El 50% del tiempo cuando **sí** se cual color es mi prospecto, todo lo que necesito decir son sólo cuatro o cinco frases, y mi prospecto está listo para comprar o asociarse de **inmediato.** La comunicación es tan clara, con tanta puntería, que cuando hablas en el lenguaje del color nativo de alguien más, ellos lo captan de inmediato.

Estoy emocionado con este tipo de súper-comunicación con la mitad de los prospectos con los que hablo. Puedes ganar una fortuna al súper-comunicarte con la mitad de tus prospectos. Y las buenas noticias son que todos pueden hacer esto. Todo lo que debes de hacer es tomar ventaja con los prospectos obvios que tienen un color de personalidad claro y fácil de leer.

Así que espero que te sientas aliviado. Puedes identificar el 50% de inmediato. Y si decides mejorar y observar más, genial. Eso te da más personas con las cuales te puedes súper-comunicar.

## Así que, ¿estás listo para esa prueba con tu compañero?

Ya sé lo que estás pensando:

–Antes de hablar con mi compañero, ¿qué pistas debo de buscar?

¿Quieres algunos consejos?

Si tu compañero dice: –Oh, antes de platicar, ¿te gustarían unas galletas?– Sí, esa sería una… personalidad amarilla.

Si la persona que eliges como compañero ya está hablando antes de que digas tu primera palabra… está bien, esa persona sería una personalidad azul.

Si tu compañero dice: –Bien, vamos al grano, no tenemos mucho tiempo que perder.– entonces, vaya, estás hablando con una personalidad roja.

Y finalmente, digamos que tu compañero evita la conversación y dice: –¿No podríamos enviarnos mensajes de texto o correo electrónico?– Sí, tu compañero sería una personalidad verde.

Está bien, un poco simplista y exagerado, pero esto realmente es muy fácil.

¡Diviértete practicando!

# Sin motivos ocultos significa conversaciones de calidad.

En el último capítulo, tuviste la oportunidad de llamar o hablar con un amigo, y escuchar cuidadosamente las pistas para determinar el color de personalidad de esa persona. Ahora, veamos qué sucedió.

## #1. No hubo rechazo.

Sí, debido a que tu compañero estaba haciendo la mayoría de la conversación, no hubo oportunidad de que dijeras algo para que te rechazara. No estabas tratando de colarte con un guión de ventas en cada oportunidad. Ya has escuchado esas conversaciones con motivos ocultos antes. Suenan como:

Desconocido: –Sí, mi nombre es Alberto.

Distribuidor: –¿Alberto? Eso es grandioso. Alberto comienza con la letra "A" justo como mi compañía actual, Artículos Maravillosos, y como sabes, nosotros fabricamos los artículos más maravillosos conocidos por la humanidad. Nuestros científicos le ponen una paliza a tus científicos. Tengo 80 cartas de testimonios de nuestros clientes. Te las leeré ahora mismo…

## #2. Nuevo mejor amigo.

A las personas les gustan los buenos escuchas. Sienten que estás interesado en ellos, y que escuchas detenidamente a lo que dicen. Debido a que tu enfoque estaba en tu compañero en este ejercicio, evitaste un error común en la conversación, que es:

No escuchar a la otra persona por que estás muy ocupado tratando de pensar qué es lo que dirás a continuación. Las personas sienten que tienes un deseo sincero de escuchar lo que tienen que decir.

### #3. Fácil de hacer.

Debido a que este ejercicio es fácil de hacer, no tendremos miedo cuando hablemos con desconocidos. Ahora es fácil tener conversaciones libres de tensión a donde sea que vayamos.

Intenta esto. Digamos que fijas una meta de hablar con una persona nueva cada día. Sin motivos ocultos. Sin guiones de venta. Sólo hablar con una persona nueva cada día, y sólo por diversión, ve si puedes identificar el color de la personalidad de esa persona. Este ejercicio sólo tomará un minuto o dos cada día.

Ahora, ¿qué sucedería si hicieras esto?

**Primero,** te harías muy bueno en reconocer los colores de las personalidades de la gente. Sería divertido y entretenido para ti.

**Segundo,** tendrías 365 nuevos contactos que piensan que eres bueno para escuchar. Qué manera tan genial de construir tu mercado caliente de futuros prospectos.

**Tercero,** y esto es emocionante de verdad. Debido a que fuiste tan bueno escuchando, y debido a que fuiste sincero al escuchar… 20, 30 o 40 de estos desconocidos te podrían preguntar a qué te dedicas, o por lo menos van a querer saber más sobre ti. Podrías tener cinco o diez personas literalmente ofreciéndose a comprar lo que estás vendiendo o asociarse en tu negocio, ¡sólo por que les agradas!

Esto realmente es patrocinar sin rechazo.

# Ahora el mundo tiene más sentido.

Una vez que conocemos a las cuatro personalidades, podemos comprender porqué las personas actúan diferente a lo que esperamos. Aquí hay algunos geniales ejemplos.

**Los azules no deberían explicar nada.**

Fui introducido a las cuatro diferentes personalidades por mi amigo, Jerry "D'Rhino" Clark. Jerry, por supuesto, es una personalidad roja, pero tiene mucho de la personalidad azul también. ¡Y las personalidades azules no deberían explicar nada!

Jerry me envió su álbum de audio sobre las personalidades. Él tenía un audio explicando cada una de los **cuatro** colores de las personalidades... pero había seis audios en total. ¿¿¿Seis???

Sí, le tomó a Jerry dos audios de calentamiento antes de llegar al punto. Esa es una personalidad azul explicando algo. Y cuando Jerry finalmente llegó al punto de explicar cada personalidad, simplemente no lo comprendí. No pude relacionarme con los cuadrantes, las explicaciones, y no estaba seguro de cómo tomar la teoría y aplicarla.

¿Por qué no lo comprendí? Debido a que soy una personalidad verde. Queremos los datos, los pasos, explicaciones detalladas, e instrucciones completas sobre cómo poner en uso esta información en la vida real.

¿Y qué sucedió? Le pasé los seis audios a un amigo mío, Michael Dlouhy, quien también es una personalidad azul. ¡Él lo comprendió de inmediato! Michael puso la teoría e información en uso y tuvo resultados espectaculares. Ahora yo estaba muy intrigado.

Parece que las personalidades azules se comunican muy bien con ellos mismos, pero todo suena como palabrería incoherente para nosotros los verdes.

Fue después de ver los resultados de Michael al comprender las cuatro personalidades –y después de la insistencia de Michael– que tomé la tarea de explicar esto a otros en una manera lógica, paso por paso, de una manera verde.

Los verdes son geniales al tomar ideas complicadas y explicarlas de una manera simple para que otros las comprendan.

Los azules deberían de estar haciendo actividades. Los azules fueron hechos para la acción.

Pero los verdes deberían explicar cosas. Y los verdes tienen mucho tiempo para hacer esto ya que tienen mucha planeación que hacer antes de que tomen su primer paso de acción.

## Nacemos con un color de personalidad.

Piensa en ello. Una pareja tiene cuatro hijos. Desde una edad temprana, tal vez la hija mayor, ha tomado la responsabilidad de cuidar a sus hermanos más jóvenes. Su personalidad amarilla y cuidados le vienen naturalmente.

Uno de sus hermanos parece indisciplinado y tiene poca capacidad de atención. Su energía frenética, su necesidad por interacción y movimiento constante significa que sus padres van a tener años de frustración si no se dan cuenta que es una personalidad azul. Él baila durante las clases en la escuela, quiere explorarlo todo, y permanecer sentado sin cantar durante la cena, es imposible.

Otro hermano parece todo lo opuesto. Su personalidad verde le ayuda a enfocarse en leer libros, organizar su habitación, crear una estructura y un orden en su vida.

Y finalmente, la hermana más joven se pone de pie sobre una silla en preescolar y les da órdenes a los otros niños. Su personalidad roja reta cualquier petición de los padres. Ella quiere hacer todo por su cuenta y todo se convierte en una competencia.

## Nos casamos con personas de un color de personalidad diferente.

¿Por qué?

Por que tienen habilidades y destrezas que complementan nuestras debilidades.

Por ejemplo, ¿qué tal si un verde se casa con una azul?

El verde podría balancear la cuenta de banco, asegurarse de que las cosas se hagan a tiempo y agendar la semana. También podría tener diversión sólo observando a la esposa azul teniendo diversión.

La esposa azul podría tomar el control de todas las relaciones sociales. Entretener a sus amigos, y poner algo de emoción en sus vidas.

¿O qué sucedería si un rojo se casara con un amarillo?

El amarillo toleraría la brusquedad de la roja y comprendería que tal vez la roja no estaba siendo severa, sino sólo estaba siendo directa.

La esposa roja podría tomar control de la disputa sobre la cuenta errónea en el restaurante, algo que el esposo amarillo nunca podría hacer.

## ¿Qué sucedería si alguien se casara con otra persona del mismo color de personalidad?

Bueno, si dos amarillos se casaran, se convertirían en misioneros en un país extranjero, y no los verías de nuevo.

Si dos azules se casaran, eso sería una resaca de 24 horas, serían los vecinos más ruidosos que hayas tenido.

Si dos rojos se casaran, eso sería… la guerra. Pero, ¿quién sabe? ¡Podrían formar una alianza y conquistar el mundo!

Si dos verdes se casaran, bueno, ¿por que la molestia? Sería fiscalmente más responsable presentar sus declaraciones de impuestos como individuos solteros.

# Por qué los prospectos dicen "No" a ofertas geniales.

Al principio de este libro, escribí:

¿Te parece esto familiar?

¿Alguna vez has hablado con un prospecto y te ha pasado esto?

1. El prospecto desesperadamente necesitaba tu producto. (Y justamente acababas de ofrecer tu producto al prospecto.)

2. El prospecto desesperadamente quería tu oportunidad. (Y justamente acababas de ofrecer tu negocio al prospecto.)

Entonces, al final de tu presentación, el prospecto dice, "No."

¿Qué sucedió?

¿Qué salió mal?

¿Te parece esto extraño?

Bien, ahora probablemente no luce tan extraño después de todo.

De hecho, es obvio. Simplemente hablamos con nuestro prospecto en el color de lenguaje incorrecto, y nuestro prospecto no nos comprendió. Aquí hay algunos ejemplos de cómo este malentendido se muestra en nuestras presentaciones.

## Verde vs. Azul.

Imagina a un verde dando una presentación a un azul. Mientras el verde lentamente recrea la historia de la compañía, lee las políticas y procedimientos, hace las referencias a los reconocimientos de investigaciones y comienza la explicación del plan de compensación... ¿qué está haciendo el azul?

El azul ya ha bebido seis cervezas, y está pensando en arrojarse de un acantilado para evitar más tortura de este verde maniático de la información.

La compañía puede ser asombrosa, pero la comunicación sobre lo asombroso de la compañía terminó después de 30 segundos de datos soporíferos de parte del verde. El azul nunca se unirá, y la decisión del azul de no unirse no tuvo nada que ver con qué tan asombrosa es la compañía.

## Azul vs. Verde.

¿Pero qué sucede cuando un azul le da una presentación a un verde? Para un verde suena algo como esto.

–Déjame platicarte sobre la compañía. Asistí a mi primera presentación justo después del gran juego entre los Rangers y los Rovers. Debiste de haber presenciado ese juego. Y los hot-dogs estuvieron fabulosos. No se qué le ponen a esos hot-dogs, pero son los mejores hot-dogs que he comido, excepto por aquella vez que volé a Alemania para el Oktoberfest. No creerías lo largo que fue ese vuelo. Yo creo que me tomé cinco o seis de esas bebidas que les colocan una pequeña sombrilla. Me recuerdan a una prima política de mi madre que era mi maestra en cuarto grado. Siempre nos estaba amenazando con su sombrilla que compró en Inglaterra. Claro que nos atemorizaba, esas sombrillas inglesas son de buena calidad, ¿sabes que pueden ser armas mortales? A propósito, ¡¿viste la película *Arma Mortal* con Mel Gibson?! Wow. Estaba repleta de acción…

¿El verde se afiliará? Por supuesto que no. Incluso si la compañía fuese una opción ideal para el prospecto verde, el verde necesita toda la información para hacer una decisión. Y en una presentación azul, nunca se entrega nada de información.

## Amarillo vs. Rojo.

Imagina a un amarillo haciendo una amable, cálida y socialmente aceptable invitación para una junta de oportunidad a una personalidad roja.

–Oh, ¿por favor pudieras asistir a nuestra junta? Bueno, no es realmente una junta, ya que todos nos sentamos en un semicírculo, para sentirnos iguales. Y después de la canción de la compañía, tenemos nuestra ceremonia de regalar galletas, luego hacemos un abrazo grupal…

¡Arrrggghhh! ¿Qué está pensando la personalidad roja?

–¡Esta gente amarilla está usando oxígeno valioso en este planeta! Deberían crear más oxígeno con sus jardines orgánicos. Deberían de cargar su propio peso, y dejar de ser unos parásitos en nuestra sociedad de negocios.

Por supuesto, el rojo nunca se afiliará debido a que nunca asistirá a la presentación. Hmmm, esto podría ser el porqué los amarillos no afilian a muchas personalidades rojas.

## Rojo vs. Amarillo.

Oh, esto se puede poner feo. Ésta es la versión corta. El rojo le dice esto al amarillo:

–¡Dame el dinero y luego te diré de qué se trata!

El amarillo no quiere que el rojo se sienta mal o rechazado, le da su tarjeta de crédito, va a casa, y está aterrado de contestar su teléfono durante meses por que puede ser su patrocinador.

## Así que es por eso que las personas no se afilian.

No necesitamos mejores presentaciones PowerPoint, y tampoco necesitamos mejores videos ni folletos. Esas cosas no son el problema.

El problema somos nosotros.

Si fallamos al traducir nuestro mensaje al color de lenguaje de nuestro prospecto, entonces nada nos salvará.

# Tres preguntas mágicas.

Algunos prospectos son fáciles. Son tanto de un solo color que su personalidad simplemente grita.

Sin embargo, con otros prospectos, puede que no sea tan fácil. Parecen un poco más reservados, ¿son amarillos o verdes? O se muestran más sobre los resultados y el objetivo, así que, ¿son rojos o verdes?

Tengo tres preguntas mágicas que me ayudan al guiarme para rápidamente identificar su color de personalidad.

### #1. ¿A qué te dedicas?

¿Qué tal si tu prospecto responde: –Hago trabajo social para servicios de cuidado infantil, ayudando a los niños que sufren a encontrar mejores hogares.–? Es una buena pista de que tu prospecto sea una personalidad amarilla basados en su profesión.

¿O qué tal si tu prospecto responde: –Soy un analista de sistemas computacionales y me especializo en integrar el código del lenguaje máquina en lenguajes de programación modernos.–? Hmmm, hay una buena posibilidad de que este prospecto sea una personalidad verde basados en su profesión.

Pero esto es sólo una guía, una pista para ver más profundo. ¿Por qué?

Por que las personas pueden estar en un empleo o en una profesión que no esté de acuerdo con su personalidad interna.

Por ejemplo, Mary es una personalidad amarilla y consigue un trabajo como consejera de admisiones en la universidad. Ella ama su trabajo y ayuda a los estudiantes a encontrar las carreras adecuadas y la dirección en sus vidas. Ella es tan buena en su trabajo, que la ascienden a supervisora de todos los consejeros. Ahora pasa todo su día monitoreando reportes y haciendo papeleo, ¡y algunas veces despide personal! Ahora odia su trabajo.

Esto pasa frecuentemente cuando las personas eligen un trabajo cerca de donde viven que no está en sintonía con su personalidad.

Aquí está otro escenario común. Un niño es una personalidad azul, pero es obligado a convertirse en contador por sus padres que son contadores. Todos los días son una tortura.

Así que encontrar a qué se dedican las personas no es a prueba de fallas. Pero sirve como una pista para que podamos hacer más preguntas.

## #2: ¿Qué haces en tu tiempo libre?

Amo esta pregunta, y es más precisa. ¿Por qué? Por que las personas pueden elegir qué hacer en su tiempo libre. ¿Quieres algunos ejemplos de las respuestas que puedes obtener a esta pregunta?

–Me fascina cantar en el karaoke, bailar y la actuación. Me encanta actuar y estar con más personas. Creo que nací para ser social.– Obviamente una personalidad azul.

–Usualmente paso tardes tranquilas en casa disfrutando mis libros favoritos, navegando en internet un rato, y haciendo crucigramas.– Está bien, una exageración, pero es obviamente una personalidad verde.

–¡Tiempo libre! No tengo tiempo libre. Estoy ocupado trabajando en mi carrera y conquistando el mundo. ¿Ya te conté sobre todos mis logros de esta semana? E hice todos estos logros geniales desde mi nueva mansión de lujo de siete habitaciones que tiene el mejor sistema de audio, carpintería fina… ¿ya te conté sobre mi colección de arte? Seleccioné las obras personalmente al ganarle a todos en la subasta, para poder llevar las pinturas a casa en mi nuevo coche…– Sí, estamos hablando con una personalidad roja que ha tomado mucha cafeína.

–Yo ayudo al grupo local de voluntarios a recolectar fondos para ayudar a cachorrillos huérfanos encontrar a sus nuevos padres. Tú sabes, hacemos suéteres tejidos con sus monogramas para estos cachorros.– Si no puedes decir que esta persona tiene una personalidad amarilla, entonces probablemente hojeaste hasta este punto debido a que eres una personalidad azul. :)

Frecuentemente hago esta pregunta a los prospectos: '¿Qué haces en tu tiempo libre?'

Encuentro interesantes sus respuestas, los prospectos se relajan debido a que saben que estoy interesado de verdad en ellos, y también puedo comprender a mis prospecto mejor al descubrir su verdadero color de personalidad.

## #3: ¿Qué es lo que más te gusta de tu trabajo o pasatiempo?

Esta pregunta expone los sentimientos de las personas. Y sus sentimientos realmente muestran el color de su personalidad más exactamente. Déjame darte un ejemplo.

Estoy parado en la fila para conseguir mi licencia de conducir. Después de un poco de conversación con el hombre delante de mí, me dice que su pasatiempo es preparar deliciosa y aromática comida gourmet que sea irresistible para los animales. Así que estoy pensando: –Wow. Esto es fabuloso. Debe de tener una verdadera personalidad amarilla para hacer tanto esfuerzo y traer un poco de felicidad al reino animal.

Y luego le pregunto: –Y, ¿qué es lo que más te gusta sobre preparar comida gourmet para los animales salvajes?

Me responde: –Es asombroso ver a estas bellas criaturas engañadas con mi comida, para así poder dispararles justo en el centro con mi nuevo rifle de alto poder y hacer más trofeos para mi pared en el estudio.

Uh, tal vez mi prospecto no sea una personalidad amarilla después de todo. Al hacer esta tercera pregunta, '¿Qué es lo que más te gusta de tu pasatiempo?' – conocí sus sentimientos más profundos que exponen su color de personalidad real.

Así que cuando haces preguntas más profundas, te acercas más a la verdadera personalidad de tus prospectos.

Mira si puedes identificar los colores de personalidad de las respuestas a estas preguntas:

- Amo mi trabajo por que conozco a muchas personas nuevas todos los días.

- Encuentro un profundo sentido de contribución cuando ayudo a las personas a encontrar el trabajo de sus sueños.

- Me encanta jugar este video juego por que me permite competir con jugadores de todo el mundo y publicar nuestros marcadores.

- Puedo trabajar por mi cuenta. Sin supervisor ni distracciones. Y todo lo que tengo que hacer es proveer un reporte conciso al final de la semana detallando la información pertinente.

# El lenguaje de
# los colores.

Muchas veces las personas me preguntan: –¿Pero cómo puedo determinar el color de personalidad de mi prospecto a través del teléfono?

La respuesta es fácil. Sólo escucha. Escucha las palabras que tu prospecto usa para describir lo que quiere y cómo ve el mundo.

## Más lenguaje amarillo.

Vamos primero a considerar las palabras que tu prospecto amarillo podría usar durante una conversación contigo al teléfono:

Cuidar.
Sentir.
Ayudar.
Atento.
Proteger.
Ansiedad.
Cariño.
Estrés.
Sufrimientos.
Soporte.
Considerar.
Preocupación.
Cortés.
Preocupante.

Incomodidad.
Responsable.
Seguridad.
Percibir.
Sentimiento.
Soportar.
Sufrir.
Gustar.
Emoción.
Asistencia.
Beneficiar.
Servir.
Aliviar.
Sanar.
Salvar.
Mejorar.
Mitigar.
Hospedar.
Incentivar.

## Algo del lenguaje azul.

Si tienes una conversación telefónica con una personalidad azul (bueno, sólo estás escuchando mientras el azul habla), escucharás palabras tales como:

Emocionante.
Diversión.
Novedad.
Viajar.
Aventura.
Impresionante.
Activo.

Dinámico.

Animado.

Entusiasta.

Ocupado.

Entretenido.

Sensacional.

Estupendo.

Asombroso.

Alucinante.

Dramático.

Zumbar.

Límite.

Diferente.

Paseo.

Vagar.

Recorrer.

Riesgo.

Peligro.

Experiencia.

Temerario.

Tour.

Explorar.

## Algo del lenguaje rojo.

Si estás teniendo una conversación telefónica con una personalidad roja, escucharás palabras tales como:

Poder.

Control.

Competir.

Dinero.

Perdedores.

Ganadores.

Autoridad.

Dominar.

Impetu.

Fuerza.

Débil.

Apalancar.

Enérgico.

Sólido.

Indefenso.

Inútil.

Ordenar.

Gerente.

Metas.

Logros.

Ejecutar.

Victoria.

Puntuación.

Éxito.

Trabajo.

Resultado.

Fracasar.

Riqueza.

Efectivo.

Ganancias.

Lucrativo.

Finanzas.

Campeón.

Conquistar.

# Algo del lenguaje verde.

Si estás teniendo una conversación telefónica con una personalidad verde, te esforzarás, ya que el verde siempre revisará lo que dices para buscar la precisión. Es difícil hacer que una personalidad verde se abra y se comunique. Cuando el verde hable, escucharás palabras tales como:

Hechos.
Datos.
Cifras.
Información.
Seguridad.
Investigación.
Pruebas.
Garantías.
Certeza.
Compromiso.
Verdad.
Exactitud.
Lógica.
Confiar.
Estadísticas.
Juicios.
Protección.
Prudente.
Evidencia.
Confirmación.
Sentido común.
Test.
Experimento.
Analizar.

Examinar.

Encuesta.

Investigaciones.

Ponderar.

## Inclusive en la escritura.

Sí, cuando escriben, las personas te darán pistas acerca del color de su personalidad. Sólo lee un largo correo de parte de un amarillo y las palabras amarillas saltarán ante ti.

O lee un corto memo de una personalidad roja y observa todas la palabras de control y franqueza.

Entre mejor seamos al escuchar y observar, más fácil se hace el distinguir los colores de la personalidad de nuestros prospectos.

## Estas pueden ser tus palabras, también.

Recuerda, cuando estás hablando con un prospecto que es de un color de personalidad diferente al tuyo, usa las palabras de su lenguaje para describir lo que estás ofreciendo.

No describas las cosas en tu lenguaje.

Siempre describe tu oferta en el lenguaje nativo de tu prospecto.

¿Necesitas memorizar y saber todas estas palabras? Por supuesto que no. Se harán obvias con el tiempo. Pero por ahora, sólo recuerda:

**Amarillos:** Ayuda.

**Azules:** Diversión, emoción, aventura.

**Rojos:** Poder, resultados, logro.

**Verdes:** Información.

Eso es suficiente para que comiences. Y es como aprender a conducir, los primeros días son difíciles, pero cada día las cosas se hacen fáciles y más automáticas.

# Más sobre motivar los diferentes colores de las personalidades.

Como líderes de redes de mercadeo, motivar a nuestro equipo es importante. La habilidad de motivar personas es una medida del liderazgo (suena un poco rojo, ¿no es así?).

Un tipo de motivación no se ajusta a todos. Por ejemplo, el líder rojo da un discurso motivacional a su equipo y termina con un reto hacia el equipo diciendo:

–Quiero que todos hablen con 40 personas nuevas mañana. No me importa lo que implique. Los perdedores tienen excusas. Los ganadores… ¡lo hacen!

Bien, piensa en las respuestas diferentes de los miembros del equipo.

Los rojos en el equipo están pensando: –Yo hablaré con **50** personas nuevas mañana. ¡Soy un ganador! ¡Atento, mundo, allá voy!

Los azules que estuviesen escuchando, pensarían: –¡Woo-hoo! Maravilloso. Hablar con más personas nuevas. ¡Suena emocionante!

Los amarillos están pensando: –Oh, no quiero hacer eso. Quiero construir relaciones con la gente. No quiero que se sientan como un número. No me siento cómodo con esto en lo absoluto.

Y los verdes están pensando: –Ridículo. Hablar con 40 personas nuevas es como arrojar lodo hacia la pared y esperar que el lodo se pegue. Necesitamos educar a estos prospectos uno por uno en los beneficios de tener su propio negocio. Y no me siento cómo acosando a desconocidos en la calle sólo para recolectar cierto número artificial de contactos para satisfacer a mi líder rojo.

Es por esto que algunos concursos geniales y campañas de motivación fracasan. Una talla no le queda a todos. Y tal vez el concurso o la campaña no le queda a todos.

Así que vamos a considerar cómo motivaremos a cada color de personalidad, para comprender mejor porqué no todos se motivan de la misma manera que nosotros.

## Motivando a los amarillos.

¿El dinero motivará a los amarillos? No realmente.

¿Qué tal los viajes? Bueno, los amarillos están pensando: –Oh, ¿quién cuidará de mi gato, Fluffy, mientras estoy fuera? ¿Y quién hablará con mis plantas? ¿Y que les dirán?

Dejar la casa no motiva a la personalidad amarilla. Así que regresemos a la palabra clave: 'Ayuda.'

Los amarillos dejarán su zona de confort para ayudar a otros. Así que todo lo que debes de decir es: –Todas las ganancias de nuestras ventas al menudeo serán donadas a gatitos huérfanos.– Ahora tu distribuidor amarillo es una máquina de ventas. Es fácil hablar con extraños para apoyar a una causa más grande.

O quizá un líder superior dice: –Necesito unos pocos miles de dólares más para llegar a Director Presidencial.– Los amarillos son los primeros en comprar más y vender más para apoyar a alguien más a conseguir una meta.

Las personalidades amarillas superan todos sus miedos cuando la misión no se trata de ellos mismos. Su misión es ayudar a otros.

Los amarillos también disfrutan el concepto de comunidad. Ellos aman el sentido de pertenencia y contribución. Los días de campo y eventos sociales son experiencias para relacionarse.

Uno de los eventos de construcción de equipo que he utilizado es una cena donde cada quien trae un platillo. Mi grupo se reúne en un salón comunitario y los distribuidores traen un platillo que ellos prepararon. Todos comparten y prueban la comida de los demás, y es una noche que no es cara, que se disfruta con los amigos que tienen intereses comunes.

Los amarillos viven para este evento. Lo aman. Traen platillos extras. Traen a sus amigos. Y sus amigos salen de la cena con muestras, productos, e incluso con algún audio sobre el negocio.

Fue fácil invitar a sus amigos. No hay una junta de oportunidad oficial, sólo personas atentas, sociables, hablando de sus experiencias con el producto, de cómo el dinero extra les ayuda en sus vidas, y sobre sus perros y gatos.

Tener una cena como ésta cada 60 o 90 días garantiza que los amarillos estén motivados.

A propósito, ¿cómo crees que los azules se sienten con estos eventos? ¡Woo-hoo! Más personas para hablar.

¿Y cómo crees que se sientan los rojos sobre estos eventos? (suponiendo que los rojos tuviesen sentimientos... bueno, basta de bromas rojas). Bien, los rojos odiarían estos eventos. Dirían cosas como: –¡Pero nadie puede ver el plan de compensación! Debería de ser una presentación oficial conmigo al frente y todos escuchando. Esa pequeña charla social es tan ineficiente.

Y, ¿cómo piensas que los verdes disfrutan de estas cenas? ¡Ha! Otra pregunta capciosa. ¡Los verdes no asisten debido a que hay personas ahí!

## Motivando a los azules.

Fácil. Cuando la compañía anuncie cualquier incentivo de viajes, los azules ya están hablando con todos los que conocen a una hiper velocidad. No pueden esperar ir a un lugar nuevo y experimentar nuevas cosas.

No se trata del reconocimiento, y no se trata realmente sobre el dinero, sino el tener diversión y emociones.

Con un azul, simplemente dirás: –Vamos a tener una fiesta después de la junta de oportunidad, sólo para los distribuidores que traigan un invitado.

Hecho.

La personalidad azul está garantizada de traer un invitado solo para ser capaz de estar presente en la fiesta.

Le estarán diciendo a desconocidos: –Tienes que unirte ahora, y traer a un invitado también. Ambos queremos estar en esa fiesta después de la reunión.

Si el concurso incluye un viaje internacional, ¡oh, vaya! Las personalidades azules son los primeros en salir corriendo después del anuncio, en un frenesí, listos para contactar a todos. Estarán diciendo: –¡Tienes que unirte ya! Ambos podemos calificar. Volaremos en un 747 privado, habrá karaoke en el avión, barriles de cerveza helada en los pasillos, cuando lleguemos podremos comenzar a hacer recorridos turísticos todo el día, salir de fiesta toda la noche, conocer nuevas personas, podemos estar despiertos durante 72 horas continuas, podemos compartir la habitación…– Y el azul difícilmente va a mencionar la compañía o los productos. Todo se trata sobre el viaje internacional.

## Motivando a los rojos.

Oh, esto es fácil. Los rojos ya están motivados. Ellos están programados para los logros y los resultados. Ellos aman la competencia. Ganar es vivir.

Puedes motivar a los rojos simplemente al hacer un listado de los mejores productores en tu boletín informativo o en tu página web. Estarán constantemente esforzándose para subir de posición en el ranking.

Y, entre más posiciones en tu plan de compensación, más oportunidades tienen de conseguir un lugar más alto. ¿Ganar un trofeo? Por supuesto. Los rojos creen que ese trofeo pertenece en su casa. Y lo que es mejor es que cada rojo en tu equipo cree que ese trofeo pertenece en su casa también. Los rojos se empujan entre sí a más producción y mejores resultados.

Si hay un viaje o unas vacaciones por ganar, los rojos no quieren ir de viaje realmente, debido a que consume tiempo de construir su negocio. Sin embargo, los rojos no quieren ser vistos como que no son capaces de calificar, así que sobresalen en casi cualquier incentivo.

Y no olvides el reconocimiento. Cuando el boletín de la compañía presenta un artículo sobre una pareja, dos hijos y un perro, posando para la foto frente a su nueva casa de lujo con el automóvil último modelo en la cochera… adivinaste. Esta foto es para motivar a los rojos que leen el boletín.

Todo rojo que ve esa foto está pensando: –Me pregunto cuánto dinero están ganando. Apuesto a que yo puedo ganar más. Y lo puedo ganar más rápido. Pondré el récord de ganar el auto de lujo más rápido.

Estas fotos de vanidad son para los rojos solamente. ¿Por qué? Considera lo que otros colores de personalidad están pensando cuando ven esa foto.

Los amarillos están pensando: –Oh, mira cómo ella tiene su peinado. Y su perro se ve muy solitario. Deberían conseguir otra mascota para que el perro tenga un amigo.

Los azules están pensando: –¡Están en su casa! ¡Qué aburrido! Necesitan viajar y divertirse más.

Y los verdes están pensando: –Ese coche gasta demasiada gasolina. Mi mini-van tiene mejor consumo en viajes largos, además, tiene más espacio.

## A los rojos no les gusta esto.

¿Conoces a una personalidad roja? Te gustaría que esa personalidad roja en tu vida hiciera casi todo lo que quieres? Es fácil. Sólo sigue esta simple fórmula que me dio Jerry "D'Rhino" Clark.

**Paso Uno:** Dale al rojo un **cumplido.** Por supuesto que el rojo se da cuenta que se merece el cumplido.

**Paso Dos:** Dale al rojo otro **cumplido.** Ahora el rojo se da cuenta de que observas su grandeza.

**Paso Tres:** Dale al rojo un **reto.** Dile al rojo que hay algo que no piensas que puede hacer.

Hecho.

El rojo no puede resistir el reto. La personalidad roja sabe que le estás haciendo esto, pero no tiene defensa. Su personalidad interna roja no le permite fracasar ante el reto.

¿Quieres un ejemplo?

–Eres el mejor presentador en mi equipo. (Cumplido.)

–Y conoces a más personas en el área metropolitana que cualquiera que conozco. (Otro cumplido.)

–**Pero** Alice patrocinó cinco nuevos distribuidores la semana pasada, y no pienso que puedas superar su récord. (Reto.)

Puedes ver a la personalidad roja rechinar los dientes, la sangre subiendo a su rostro, mientras piensa: –Alice va a caer. ¡Voy a enterrar a Alice! Yo patrocinaré a seis, siete, incluso diez personas para tener ese récord.

¿Qué tal otro ejemplo?

–Eres el que más duro trabaja en mi equipo. (Cumplido.)

–Y nadie tiene tanta disciplina como tú. (Otro cumplido.)

–**No obstante,** Alice entregó más de 300 catálogos la semana pasada mientras prospectaba para conseguir nuevos clientes, y no pienso que puedas entregar tantos como ella. (Reto.)

Hecho.

¡La próxima semana tu personalidad roja habrá entregado más de 300 catálogos para el miércoles!

Sí, las personalidades rojas saben que les estás haciendo esto. No hay absolutamente nada que puedan hacer, y simplemente deben de responder ante el reto. Esto es lo que las personalidades verdes hacen por diversión. Ellos retan a los rojos sólo para ver cómo responden. :)

## Motivando a los verdes.

Probablemente te estés rascando la cabeza y pensando: –¡Caramba! ¿Cómo se motiva a un verde? No puedo pensar en nada que pueda funcionar.

Y estás en lo correcto.

No puedes motivar a los verdes. Ellos se motivan a sí mismos a tomar acción sólo después de que han acumulado toda la información, asimilaron toda la información, reescribieron toda la información… y sólo entonces, tal vez, tomen su primer paso de bebé hacia la acción.

Está bien, obviamente es más exageración, pero lo hace fácil de recordar. No inviertas mucho tiempo haciendo que los verdes se motiven. Invierte ese tiempo en motivar a los otros colores de las personalidades. Las personalidades verdes ya están motivadas, y sólo a su paso.

Recuerda, una talla no le queda a todos. Diferentes concursos y promociones sacarán lo mejor de los diferentes colores de las personalidades. Y ahora sabemos por qué algunas personas están emocionadas, y otras no, cuando un nuevo concurso es anunciado.

# SUMARIO.

Todos los colores de personalidad son buenos. Todas las personalidades constituyen buenos líderes.

No importa qué color de personalidad eres. La mayoría nacemos con nuestros rasgos de personalidad, y no hay necesidad de cambiarlos.

Así que, ¿qué es lo que de verdad importa?

Nuestro trabajo como comunicadores es transferir nuestro mensaje, dentro de nuestra mente, dentro de la mente de otros. Para ser efectivos, debemos de hablar en el lenguaje que los otros comprenden.

Cuando observamos y reconocemos los diferentes colores de las personalidades, podemos elegir mejores palabras y frases. Esto asegurará una comunicación más precisa.

¿Con todos los que hablemos tendrán estos rasgos exagerados? No. Pero muchos los tendrán, y con estas personas, la comunicación será fácil.

¡Así que diviértete observando a las personas! Y prepárate para una experiencia de comunicación más agradable.

# AGRADECIMIENTO.

Muchas gracias por adquirir este libro. Esperamos que hayas encontrado algunas buenas ideas que te sirvan.

Antes de irte, ¿estaría bien si te pedimos un pequeño favor? ¿Tomarías sólo un minuto para dejar una frase o dos como reseña online de este libro? Tu reseña puede ayudar a otros a elegir el siguiente libro para leer. Será de gran ayuda para muchos otros lectores.

Viajo por el mundo más de 240 días al año. Envíame un correo si quisieras que hiciera un taller "en vivo" en tu área.

→ **BigAlSeminars.com** ←

# ¡OBSEQUIO GRATIS!
## *¡Descarga ya tu libro gratuito!*

Perfecto para nuevos distribuidores. Perfecto para distribuidores actuales que quieren aprender más.

→ **BigAlBooks.com/freespanish** ←

Otros geniales libros de Big Al están disponibles en:

→ **BigAlBooks.com/spanish** ←

# MÁS LIBROS EN ESPAÑOL

## BigAlBooks.com/Spanish

**Cierres para Redes de Mercadeo**
*Cómo Hacer que los Prospectos Crucen la Línea Final*

**Pre-Cierres para Redes de Mercadeo**
*Decisiones de "Sí" Antes de la Presentación*

**Cómo Construir Tu Negocio de Redes de Mercadeo en 15 Minutos al Día**

**La Presentación de Un Minuto**
*Explica Tu Negocio de Redes de Mercadeo Como un Profesional*

**Ventas al por Menor para Redes de Mercadeo**
*Cómo Conseguir Nuevos Clientes para Tu Negocio en MLM*

### Motivación. Acción. Resultados.
Cómo Los Líderes En Redes De Mercadeo Mueven
A Sus Equipos

### 51 Maneras Y Lugares Para Patrocinar Nuevos Distribuidores
Descubre Prospectos Calificados Para Tu Negocio
De Redes De Mercadeo

### Rompe El Hielo
Cómo Hacer Que Tus Prospectos Rueguen Por una
Presentación

### ¡Cómo Obtener Seguridad, Confianza, Influencia Y Afinidad Al Instante!
13 Maneras De Crear Mentes Abiertas
Hablándole A La Mente Subconsciente

### Primeras Frases Para Redes De Mercadeo
Cómo Rápidamente Poner A Los Prospectos
De Tu Lado

### La Magia De Hablar En Público
Éxito Y Confianza En Los Primeros 20
Segundos

**MLM de Big Al la Magia de Patrocinar**
Cómo Construir un Equipo de Redes de
Mercadeo Rápidamente

**Cómo Prospectar, Vender Y Construir Tu
Negocio De Redes De Mercadeo Con
Historias**

**Cómo Construir LíDERES En Redes De
Mercadeo Volumen Uno**
Creación Paso A Paso De Profesionales En MLM

**Cómo Construir Líderes En Redes De
Mercadeo Volumen Dos**
Actividades Y Lecciones Para Líderes de MLM

**Cómo Hacer Seguimiento Con Tus
Prospectos Para Redes De Mercadeo**
Convierte un "Ahora no" En un "¡Ahora
mismo!"

# De Alejandro González López:

Ha sido un placer para mí traducir este libro para los lectores en español. *"Los Cuatro Colores de las Personalidades para MLM: El Lenguaje Secreto Para Redes De Mercadeo"*, hace más fácil construir tu negocio. Me ofrecí para traducir este libro ya que las ideas aquí mostradas han trabajado tan bien para mí, que deseaba compartirlas con otros.

Todas las ideas y ejemplos de este libro han sido probados por miles de empresarios de redes de mercadeo alrededor del mundo. Aprende y domina los colores, ejemplos y preguntas comprobados con el tiempo para mejorar la comunicación con tus prospectos y que puedan ver lo que tú estás viendo.

Así que deja atrás la frustración, el rechazo, el miedo, las dudas y la desesperación. Simplemente usa estas ideas para conseguir un negocio divertido, donde cada uno de tus distribuidores se desarrolla mientras aprende a comunicarse mejor.

Gracias por soltar viejos patrones de pensamiento y creer que hay una nueva manera de construir tu negocio de redes de mercadeo rápidamente, sólo aprende nuevas habilidades para construir un negocio estable y redituable de la manera correcta.

Deseo grandes cheques para ti y tus socios.

—Alejandro G.

# SOBRE EL AUTOR

**Tom "Big Al" Schreiter** tiene más de 40 años de experiencia en redes de mercadeo y multinivel. Es el autor de la serie original de libros de entrenamiento "Big Al" a finales de la década de los 70s, continúa dando conferencias en más de 80 países sobre cómo usar las palabras exactas y frases para lograr que los prospectos abran su mente y digan "SI."

Su pasión es la comercialización de ideas, campañas de comercialización y cómo hablar a la mente subconsciente con métodos prácticos y simplificados. Siempre está en busca de casos de estudio de campañas de comercialización exitosas para sacar valiosas y útiles lecciones.

Como autor de numerosos audios de entrenamiento, Tom es un orador favorito en convenciones de varias compañías y eventos regionales.